AF462679

CORRESPONDANCE
SUR
L'ART
DE LA GUERRE.

Entre un Colonel de Dragons & un Capitaine d'Infanterie.

A BOUILLON,

Et se vend à Besançon,

Chez FANTET, Libraire, Grand'rue.

M. DCC. LXXIV.

CORRESPONDANCE

SUR

L'ART DE LA GUERRE,

Entre un Colonel de Dragons & un Capitaine d'Infanterie.

NOus sommes convenus, Monsieur, de mettre nos raisons par écrit. Ce parti étoit sage autant qu'indispensable ; l'objet de notre contestation avoit pris une telle étendue que nous ne pouvions plus espérer aucun fruit de nos conférences. Les têtes s'échauffent dans la dispute, la raison s'égare, l'amour propre s'en mêle, on abandonne cent fois l'état de la question ; heureux si la querelle ne dégénere bientôt en personnalités ! Ce que je viens d'éprouver fait connoître, plus que jamais, combien dans une discussion, la prévention est dangereuse, & l'ordre nécessaire. Vous avez pu voir à quel point j'abondois dans mon sens ; je me croyois invincible ; je regorgeois de preuves ; j'étois inépuisable en raisons ; j'avois la tête si pleine que je pensois en faire jaillir une source intarissable de démonstrations, & je m'applaudissois de l'heureuſe occaſion d'une correſpondance inſtructive, d'un démêlé intéreſſant dont je me flattois, dont je ne doutois même pas que tout l'avantage ne dût être de mon côté. Je préparois des matériaux immenſes, avec un empreſſement égal à la vivacité de notre conteſtation ; je les entaſſois avec plaiſir ; je me propoſois, vous le ſavez, de les faire crouler ſur l'édifice de l'eſſai général de tactique, & je cherchois déja un point de hauteur, d'où je puſſe faire irruption avec plus d'avantage. Inutiles projets !

En reprenant l'ouvrage de l'Auteur, je m'y ſuis attaché dès les premieres lignes ; il m'a entraîné irréſiſtiblement. Je l'ai relu d'un bout à l'autre ; il m'a captivé en dépit de moi-même ; il m'a ſubjugué, & j'ai ſenti toutes mes forces m'abandonner. J'ai voulu rappeller mon courage, je me ſuis étonné, je me ſuis affligé de tant de foibleſſe ; j'ai cent fois tenté de ranimer mon émulation, mais envain ; il a fallu céder au torrent de la ſéduction, convenir que la gloire littéraire eſt ſupérieure à tout, admirer la maniere, indépendamment de la choſe, & finir par applaudir avec vous, aux ſuccès éclatants du plus brillant Acteur qui ait encore paru ſur le théâtre de la guerre.

Je relis encore ce livre intéreſſant ; il éleve l'ame, il tranſporte l'imagination, il exalte le courage. Vous ne le verrez point traîner peſamment ſon Lecteur ſur d'ennuyeuſes diſcuſſions de principe ; il écarte ces décombres ; il ſe fait jour à travers les débris des ſiecles & l'obſcur cahos des exemples ; il s'éleve même au deſſus des faits : ſes regards embraſſent tout, il décide ſouverainement.

On a dit que le doute étoit un commencement de ſageſſe. A ce compte, il faut convenir que l'Auteur de l'eſſai ne ſeroit pas trop ſage ; mais il vient de nous apprendre que le doute n'étoit fait que pour les génies médiocres : il ſemble même avoir craint que cette utile maxime ne conduisît à l'irréſolution, dans un art qui n'en veut point : il étoit mieux ſans doute de fixer d'un coup nos idées & de trancher ſur tous les points, en nous révélant, ſans tant de raiſons, ce que nous avions à croire.

C'eſt pour cela ſans doute que jamais il ne conteſte; il juge en deſpote, ou plutôt en ſage, ſans motiver ſes déciſions. Il poſſede cependant l'heureuſe adreſſe de modifier des faits qui dépoſent contre lui; il en tire des preuves lumineuſes plus fortes & plus frappantes.

Il conclut peu; en cela il a ſupérieurement ſaiſi le goût des amateurs. Connoiſſez-vous rien de plus accablant que ces lourdes concluſions à l'Angloiſe, dont les Géométres & les Moraliſtes nous aſſomment à l'envi ? Pour quelques vérités qui en ſortent, que d'ennuis les accompagnent !

Quelle différence de touche dans l'Auteur de l'eſſai ! Une maniere large & décidée, un pinceau hardi & vigoureux, un coloris vague & magique l'élevent au deſſus de la peſante correction, & de la triſte contrainte d'une préciſion laborieuſe.

Je ſuis vraiment fâché qu'il n'ait pas pris un titre plus impoſant, plus analogue à l'étendue des vues qu'il annonce : *eſprit de la guerre*, par exemple, qui eût pu le lui conteſter ? Perſonne eut-il jamais tant d'eſprit ſur la guerre ?

Me voilà donc converti & entiérement de votre avis. Ainſi je ſuis diſpenſé de la terrible néceſſité d'une mauvaiſe controverſe; je jette au feu, ſans le moindre regret, la matiere de trois *in-folio*; j'avouerai que j'en ſuis bien ſoulagé. Je ſuis encore effrayé du deſſein que j'en avois conçu & du fardeau que je m'étois impoſé : vos Dragons n'y auroient vraiſemblablement rien appris, ma Compagnie en auroit certainement ſouffert, & le Public en eût été cruellement ennuyé.

Je ne veux cependant point abſolument tromper votre attente; je vous entretiendrai de l'Auteur de l'eſſai. Comme vous paroiſſez l'eſtimer autant qu'il le mérite, vous pourrez apprendre avec intérêt le jugement que quelques Militaires en ont porté. C'eſt ainſi que je m'acquitterai, en quelque maniere, de l'eſpece d'engagement que j'avois pris avec vous.

Nous avons aujourd'hui, dans la profeſſion des armes, une claſſe nouvelle, mais peu nombreuſe, celle des Amateurs : on les reconnoît aiſément au ſavant apprêt de quelques expreſſions ſi heureuſement choiſies, qu'on peut les appliquer à tout propos, ſans jamais ſe compromettre ; ils ſont auſſi plus ſubtils & plus recherchés en connoiſſance. Ceux-ci ont fort applaudi à l'eſſai général ; ils y ont trouvé une ample collection à faire, de ces phraſes myſtérieuſes & favorites qui ont trompé la Ville & quelquefois l'armée.

Une autre claſſe plus nombreuſe paroît avoir été ſéduite au premier aſpect, par l'intention brillante de l'Auteur. Il eſt à craindre que l'examen ne détruiſe une partie du preſtige ; mais il reſtera toujours au moins un grand fond de reſpect pour la valeur littéraire de l'ouvrage.

Au reſte, on eſt ſurpris que l'Auteur, qui a ſi bien rempli une partie vaſte d'un projet immenſe, ſe ſoit contenté du titre modeſte d'*eſſayeur*. Il ſemble d'ailleurs qu'on ſe réunit à dire qu'il promet beaucoup ; je crois qu'il tiendra davantage : je le trouve déja très-ſupérieur à ce qu'on peut être, & je ſuis diſpoſé à lui tenir compte dès-à-préſent de tout ce qu'il pourra valoir encore, puiſqu'il a ſu poſer, d'une main libre & ſavante, la borne immuable de nos indéciſions.

Avec un mérite auſſi caractériſé, vous jugez bien que

les ſerpents de l'envie ne ſe ſont point endormis. N'eſt-il pas triſte que nombre de gens, intéreſſés ſans doute, n'aient pas voulu prendre pour comptant l'annonce pompeuſe d'un ouvrage plus étendu ? Mais je me réjouis d'avance du moment où l'Auteur va les confondre ; ce moment ne peut être éloigné, & ſa ſagacité ne peut nous permettre de douter qu'il n'acquitte promptement la dette immenſe qu'il a contractée : car il ſait tout, il voit tout, ſes connoiſſances s'étendent par delà les conſtitutions militaires & politiques de l'univers ; elles embraſſent les arts & les ſiecles.

O regrets ! Ce rameau naiſſant, qui tout-à-coup s'eſt élevé à la hauteur d'un cedre, ce Navigateur hardi qui, pour découvrir un nouveau monde, n'a point reculé à la vue de l'océan, croiriez-vous qu'il n'a fait que des ingrats ?

Il s'addreſſe d'un ton pathétique à ſa patrie ; il la trouve peu ſenſible à la nouveauté de cet hommage.

Il provoque les Philoſophes & les Gens de lettres qui, trop amis ſans doute des douceurs de la paix, oſent bien s'étonner qu'il ait emprunté leur langage pour le métier de la deſtruction. Ils perſiſtent à croire barbare une profeſſion que l'Auteur s'efforce d'élever, comme ſi le généreux mépris de la vie qui en eſt la baſe, n'étoit pas le plus noble & le plus élevé des ſentiments.

Les grands Généraux liſent peu ſon ouvrage, & les petits croient être humiliés de recevoir la leçon d'un jeune homme.

L'Infanterie réclame les propriétés du choc ; elle ſe plaint que l'eſſai général ne lui ait rien appris ; elle ſoutient que les déployemens étoient connus, que malheureuſement ils ſont pratiqués, & que les mouvemens proceſſionnels ſont proſcrits depuis long-temps.

La Cavalerie rajeunie paroît approuver sa métamorphose en Dragons; mais destinée essentiellement à l'action de charge, elle n'a pu concevoir encore l'analogie que l'Auteur prétend établir entre la tactique de mouvement qui lui est propre & la stagnance éternelle à laquelle il condamne l'Infanterie par ses déployemens.

Les Dragons eux-mêmes ne sont point satisfaits; encore ivres de leurs exploits de la derniere guerre, contents de la gloire dont ils jouissent, ils sembleroient craindre qu'on ne voulût enchaîner leur courage par des entraves trop austeres.

Enfin l'on ne voit guere que des mécontens, sans qu'ils en puissent dire une bonne raison. Après cet exemple, qui voudra servir sa patrie?

Les troupes légeres s'en mêlent aussi. Elles ne veulent point du tout n'être *faites que pour se compromettre à la guerre, être sacrifiees au besoin, & se faire battre à dessein pour un objet utile;* parce que, disent-elles, il ne peut jamais être utile de se faire battre. Il faut convenir que les troupes légeres ne raisonnnent pas *legérement*; mais elles se flattent aujourd'hui que leur constitution pourra changer avec avantage, qu'il ne sera plus risqueux d'augmenter leurs Corps, & qu'il pourroit bien n'être plus question pour elles, de la nécessité de se faire battre pour un objet utile.

L'Artillerie ne trouve pas bon de n'être plus qu'un accessoire dans les armées. Elle paroît cependant ne pas craindre de perdre l'ascendant qu'elle a pris dans ces derniers temps; elle croit être assurée de conserver le rang & la prépondérance que lui a donné l'exécution supérieure de son arme: elle prétend même qu'elle seule peut suppléer, au défaut d'action de l'Infanterie, dans l'ordre mince auquel l'Auteur veut donner une consistance fondamentale & invariable : elle dédaigne d'ailleurs que l'on s'épuiſe à chercher pour elle une tactique *de déployemens & de ruſes*, dont elle ne ſe croit guere ſuſceptible.

Ce n'eſt pas tout ; du centre tumultueux de tant de clameurs, les Ingénieurs élevent auſſi leurs voix. Ils avouent néanmoins l'univerſalité des talents de l'Auteur dans toutes les parties de la guerre ; ils deſireroient même qu'il voulût bien ſe charger de la partie ingénieuſe de leur Art ; ils ſe contenteroient du reſte, s'il leur en laiſſe.

Les initiés de l'État-Major rongent leur frein ; l'Auteur a cru dévoiler les myſteres importants de la topographie ; il ſe flatte d'avoir divulgué le grand ſecret des adeptes. Eh ! qu'importe ces rumeurs : ce ſont les cris impuiſſants d'une foule de pygmées, qui ne peuvent atteindre à la hauteur d'un aigle qui plane fiérement dans les régions ſupérieures.

Enfin il vient de paroître des fragments de Mémoires dirigés contre les principes de l'eſſai général : je vais tranſcrire ici quelques-uns de ces lambeaux épars : c'eſt à quoi je bornerai aujourd'hui l'objet de notre correſpondance.

Mais vous m'avez promis une réfutation ; je l'attendrai avec un intérêt égal à la perſuaſion où je ſuis qu'elle doit être victorieuſe. Dès qu'elle me ſera parvenue, je la ferai communiquer à l'Auteur de ces Mémoires. Quoique je ne le connoiſſe point encore directement, je tiens un coin de ſa robe qui ne m'échappera pas aiſément : ainſi je crois pouvoir vous annoncer à l'avance une réponſe à vos repliques ; & j'eſpere enfin qu'il n'en ſera pas de cette controverſe, comme de tant d'autres qui n'ont rien éclairci.

RÉFLEXIONS

SUR les progrès de la Fortification.

SI l'Auteur de l'essai général de tactique paroît faire grand cas, sans s'en appercevoir, des institutions militaires, données par un Machiavel, en manteau noir, il n'est plus étonnant qu'il ait regardé les progrès de la fortification, comme devant suivre ceux de la géométrie dans chaque siecle; en ce cas, l'on peut croire qu'il met à haut prix les dispositions de forteresses, données par des Jésuites ou des maîtres de mathématique avec une merveilleuse fécondité, en plus de cinq cents systêmes: l'on peut supposer aussi qu'il leur attribue une valeur relative bien combinée, sur l'expérience de la guerre. Nous remarquerons cependant ici une espece de contradiction dans l'Auteur, puisqu'il propose ailleurs de rapprocher l'institution du Corps du génie, de celle de l'Infanterie; ce qui seroit mettre un intervalle assez grand, entre la géométrie & les fortifications. Mais cette contradiction n'est peut-être qu'apparente, & l'Auteur se réserve sans doute des explications qui pourront nous surprendre. En attendant, il est bon de l'engager à porter son attention sur quelques notions générales, qui ont pu échapper à la rapidité de son génie.

En partant d'un point connu en géométrie, d'un point même beaucoup au dessous du degré actuel, il faut avouer que, passé ce terme, les progrés ultérieurs de la géométrie n'ajouteront plus rien à la ſcience des fortifications. Elle devra ſuivre ſans doute les progrès de la tactique, non pas ſous un point de vue élémentaire, mais conſidérée dans ſes rapports avec certains objets généraux d'action de troupes, combinés ſur la variété & la diſpoſition des obſtacles de la nature. La fortification ſuivra auſſi pas à pas les révolutions néceſſaires que le temps doit opérer dans l'uſage, l'emploi, & une application plus étendue des armes : elle devra meſurer ſes réſiſtances ſur des accroiſſements d'effets que l'on peut attendre : elle tirera, en temps & lieux, ainſi que l'Artillerie, de puiſſants ſecours des progrès des Arts, & s'enrichiront l'une & l'autre du génie des inventeurs dans les méchaniques. (a)

Un homme propoſa quelques vues extraordinaires, en 1584, au ſiege d'Anvers. Il ſembloit voir les objets à travers un microſcope ; ils lui paroiſſoient plus grands qu'aux autres ; il étonna par la ſingularité & la hardieſſe de ſes projets. Cependant l'envie fit échouer la plupart de ſes vues, & il eſt bien remarquable qu'à peine il s'écarta des foibles moyens connus. Cet exemple & quelques autres, ſans dire beaucoup, peuvent avertir que la fortification ſaura peut-être un jour appliquer des moyens très-ſupérieurs. Qui pourroit répondre que le ſiecle prochain ne ſera pas étonné du ſpectacle de pluſieurs découvertes, dont on ſoupçonne à peine aujourd'hui la poſſibilité ; & qu'il ne verra pas ſurmonter des réſiſtances regardées comme invincibles ; imprimer du mouvement en grandes maſſes, de la vîteſſe, de l'impulſion peut-être ; allumer des feux juſqu'à préſent inconnus, ſinon plus rapides ou plus actifs, du moins plus durables, plus étendus, plus brûlants, plus dévorants ; lancer des torrents deſtructeurs, en renouveller les ſources ; maîtriſer peut-être des zones de vapeurs infectes, en diriger à volonté l'influence mortelle ; ſoumettre enfin les élé-

(a) Tel eſt un des avantages de l'attention que le Miniſtére vient de montrer, en publiant l'importante découverte du ſieur Loriot.

ments à la guerre & vaincre, pour ainſi dire, l'inertie de la matiere ?

Il n'eſt pas permis à la vérité d'exalter d'avance ſon imagination dans les chimeres du merveilleux ; il eſt difficile d'étendre ſes vues ſur les ſiecles à venir ; un voile impénétrable les dérobe à nos yeux ; mais qu'eſt-ce donc que nos connoiſſances actuelles ? Nous avons tant de fois été trompés à l'immutabilité prétendue de nos projets ; peut-on répondre que nous ſoyions au terme des découvertes ? Qui ne voit au contraire qu'elles ſe détruiſent en ſe ſuccédant, & que leurs progrès inſenſibles, avec le temps toujours actif, ne ceſſent de dévorer des deſſeins préparés depuis des ſiecles, par la vaine prudence des hommes.

Peut-on d'ailleurs ne pas obſerver chaque jour de nouveaux prodiges dans les Arts ? Nos yeux y ſont accoutumés, peut-être y fait-on peu d'attention, parce qu'ils n'agiſſent qu'en petit ; mais ſeroit-il donc impoſſible d'obtenir des effets plus marqués ? Eh ! peut-être les agents de ces grands mobiles ſont-ils plus près de nous qu'on ne penſe ; peut-être les moyens en ſont-ils fort ſimples : qui ſait enfin ſi leurs effets inattendus n'opéreront pas un changement total dans nos conſtitutions militaires ? Il eſt vrai que le commun des hommes ne ſoupçonne guere l'exiſtence de ces moyens. On a dit auſſi qu'avant le ſuccès, il étoit aſſez ordinaire que les gens ſenſés traitaſſent de fous les projets des hommes de génie, & tout ce qui leur paroiſſoit hors de regle : on peut donc s'attendre que l'Auteur de l'eſſai, qui eſt d'un grand ſens, ne croira pas ſi-tôt à l'inſtabilité des principes qu'il a cru poſer immuablement : ce n'eſt pas non plus ce qu'on lui demande à préſent. Mais quoi qu'il en puiſſe arriver, il doit tenir pour bien certain que ſi la ſcience des fortifications peut parvenir à quelques accroiſſements un peu marqués, ils ne ſeront point dus à l'exécution de ſon beau projet d'intactiquer les Ingénieurs ; encore moins ſeront-ils dus aux progrès de la géométrie dans chaque ſiecle.

Eh ! quand, par les efforts perçants de ſes calculs, la géométrie s'éleveroit à la connoiſſance du vrai méchaniſme des cieux, je demande ce que pourroit y gagner l'Art de l'Ingénieur ?

Si vous y trouvez des rapports, je vous en félicite ; quant à moi, je n'y vois rien, à moins qu'on ne voulût excepter le cas où l'on parviendroit un jour à donner une bonne théorie ſur la courſe vagabonde de la lune ; il faut convenir alors que la fortification en tireroit de grands avantages, attendu certains rapports très-prochains.

Quittons les aſtres, croyez-moi ; abandonnons l'organiſation de l'Univers aux ſublimités de la géométrie. Le ſavant Auteur de l'eſſai a pu ſe tromper ; il faut l'avertir que la ſcience des fortifications devra meſurer ſes accroiſſements, dans tous les temps, ſur des combinaiſons moins abſtraites, & des calculs intimément liés aux progrès de l'Art de la guerre ; que ce qui doit conſtituer un Ingénieur, c'eſt l'étendue de l'eſprit géométrique, plutôt qu'une application directe de la géométrie ; & que le grand Archimede lui-même n'eût jamais étonné l'Univers de ſes inventions, s'il n'eût été que le plus célebre Géometre qui ait paru. C'eſt une diſtinction importante que l'Auteur n'a peut-être pas été à portée de faire.

Il eſt vrai qu'en ces temps-là, les inventions d'Archimede ne furent point *honorées du beau nom de génie :* ce qui dut l'affliger très-ſenſiblement, préciſément autant que les Ingénieurs de ce ſiecle s'en ſont enorgueillis. Il ſe rencontra même alors des Auteurs d'un génie fort rare, qui prouverent, par de ſavantes diſſertations, que celui qui ne ſavoit qu'aſſembler des leviers, ne méritoit aucune conſidération dans la République ; que toute machine, quelqu'ingénieuse qu'elle fût, n'étant jamais qu'un assemblage de leviers, ledit Archimede lui-même, immortel bon homme, n'étoit que le levier des leviers, comme les Ingénieurs ne sont encore aujourd'hui que les engins des engins ;... & l'on admira ces profondes recherches, & l'on ne laissa pas de croire toujours qu'un Ingénieur devoit être homme de ressource, de tête & d'exécution ; qu'il avoit plus besoin d'activité, de coups d'œil, de ce qu'on appelle génie d'invention, que des plus hautes abstractions de la géométrie, qui n'est que l'entrée nécessaire aux connoissances qui lui sont propres ; qu'il doit se tenir même en garde contre l'étroite précision de la géométrie, qui ralentiroit en lui les moyens d'exécution ; que s'il étoit question, par exemple, de forcer, tromper, ou détruire les mesures d'un assiégeant, cet Ingénieur doit pouvoir beaucoup avec peu ; qu'il doit montrer sur ses points accessibles, tantôt plus de force, & tantôt l'apparence trompeuse d'une foiblesse simulée ; qu'il doit, en grand comme en petit, épuiser tous les moyens possibles, assiéger l'assiégeant, céder en apparence, reparoître à l'improviste, réserver des changements de scenes, des coups inattendus, noyer des attaques, masquer des points accessibles, créer, pour ainsi dire, les obstacles, ouvrir des précipices, faire sortir les rivieres de leurs lits, les y faire rentrer à son gré, & mille détails d'inventions qui demandent une tête à ressources, également froide & vive.

Telle est pour une circonstance, une idée des moyens que les Ingénieurs ont à mettre en œuvre : on peut donc penser qu'ils feront quelquefois comme les Artistes de la guerre souterreine, qui operent avec sûreté & précision, tandis que des Maîtres de mathémathiques, incapables d'exécution, s'épuisent au tribunal de la géométrie à plaider l'important

& inutile procès, sur la figure des entonnoirs.

Ils pourront se trouver aussi dans le cas singulier d'un de leurs Officiers Généraux, qui présentoit un Mémoire à l'Académie des Sciences, avec le modele d'une machine dont l'exécution, aussi utile qu'ingénieuse, existoit en grand ; les Commissaires durent peut-être s'arrêter à des rigueurs géométriques; mais la machine ne laissoit pas de jouer, indépendamment de leurs suffrages, au grand avantage de l'État, dans une Colonie importante.

Il est inutile d'ailleurs de faire ici des réserves ou des distinctions. On peut supposer que les Ingénieurs connoissent jusqu'où doivent s'étendre les avantages réels qu'ils tirent de la géométrie; nous ne nous récrions que sur la proposition générale & contradictoire de l'Auteur, qui a cru bonnement qu'ils ne soutiendroient leur existence que par le mousquet, d'une part; & de l'autre, par l'appareil imposant de la géométrie : ainsi, quoique l'essai de tactique soit général dans tous les genres d'escrimes, il est néanmoins assez vraisemblable que l'Auteur ne se sera point encore suffisamment essayé dans celui-ci.

On remarque cependant que, malgré le peu de cas qu'il paroît faire des fortifications en général, l'Auteur en réunit tous les moyens entre les mains des Généraux; il se réserve bien le droit exclusif de leur donner des leçons sur la grande tactique, mais il leur abandonne les fortifications sans doute, comme objets subalternes trop au dessous de lui, & les Ingénieurs n'en feront que les exécuteurs. Oh! pour le coup, il a raison; il est certain que tous les moyens doivent rester entre les mains du Chef. Pourquoi donc faut-il insister ici sur une vérité de tous les temps? Qu'importeroit même, quand les Ingénieurs seroient aussi exclusifs que l'Auteur le prétend, puisqu'ils ne peuvent ni ne veulent assurément se soustraire à l'autorité légitime ? Mais cette obéissance absolue dont ils se piquent, ne peut jamais, en aucun cas, les dispenser d'être instruits à fond de toutes les parties de leur Art, considéré dans ses rapports avec la science de la guerre. Cette obligation ne dispense pas davantage les Généraux, de la nécessité d'etendre leurs vues sur les propriétés de chaque arme, & sur toutes les parties de l'Art militaire. Les connoissances leur sont nécessaires, sur-tout pour s'affranchir de l'incertitude dans l'alternative du choix des partis, & pour ne pas tomber dans le flottement tumultueux des avis, ou dans l'inertie de l'irrésolution, effets ordinaires de la triste ressource des recours aux conseils.

Ils doivent agir par eux-mêmes d'autant plus déterminément, que les donneurs d'avis s'étant extrêmement multipliés dans ce siecle, il pourroit arriver, comme on l'a déja vu, que les opérations d'un Chef aveugle & dirigé se ressentiroient de l'inconséquence & de la disparité des conseils. Il doit par conséquent connoître pour juger, s'assurer pour ordonner, apprécier les hommes & savoir en tirer des résultats harmonieux, concourants & déterminants.

Lorsque ce Chef sait obtenir & combiner de pareils résultats, il faut convenir qu'il sait tout ce qu'il doit savoir ; c'est le grand du métier : les minucieux détails d'exécution pourroient faire languir l'ensemble ; & ces qualités ne sont pas si communes, que ceux qui les possedent ne fassent la gloire de leur temps.

Alors chaque individu se trouve à sa place : alors les gens de l'Art sont appellés : alors ce Chef embrassant collectivement en homme de guerre, raisonnant, consultant avec eux, tantôt séparés, tantôt réunis, il sait en tirer & mettre à profit ce qu'une expérience éclairée par des méditations suivies de 20, 30 ou 40 ans sur un Art, peut leur avoir donné d'acquit sur cet Art.

On

On a ſemblé vouloir inſinuer que l'inſtitution du Corps du génie manquoit, par le point eſſentiel des drapeaux. Il eſt difficile en effet d'exiſter ſans drapeaux ; mais ſi ce qui doit conſtituer un homme de guerre, conſiſtoit à ſavoir ſe faire tuer à bon marché pour un grand intérêt qu'on ignore, il faut avouer, dans ce cas, que le glorieux ombrage des drapeaux ne ſeroit peut-être pas tellement conſtituant, qu'on ne pût abſolument ſe faire tuer ſans eux.

Il faut convenir cependant que la conſtitution du Corps du génie n'eſt peut-être pas au point de perfection dont elle eſt ſuſceptible. J'ai connoiſſance d'un projet de création d'un Corps de Sapeurs-ouvriers, qui me paroît ſinguliérement bien adapté à leur forme de ſervice, & lié à l'exécution de leurs moyens ; les preuves en ſont déduites dans un Mémoire fort étendu.

Peut-être avoit on penſé obtenir une partie de ces avantages, par une réunion avec l'Artillerie. Mais, outre une expérience qui n'a pas trop réuſſi, on a fait connoître d'ailleurs tous les inconvénients qui réſulteroient de la confuſion de tant d'objets : on en revient aux Sapeurs-ouvriers qui, ſuivant ce projet, auroient un travail de regle pour ſervice ordinaire. En ſuivant les calculs de ce Mémoire, qui ne paroiſſent point forcés, il réſulte que la ſolde & l'entretien de cette troupe n'iroit pas, à beaucoup près, au prix évalué en détail des ſervices qu'elle rendroit ; d'où l'on conclut que, loin d'être à charge, elle ſoulageroit au contraire les fonds deſtinés aux fortifications, qui n'en ſeroient par là que mieux entretenues. Mais l'on fait connoître plus ſenſiblement encore l'utilité que les opérations de guerre tireroient de cette création, pour donner une exécution plus prompte & plus facile à pluſieurs moyens eſſentiels, qui ſont à peine aujourd'hui propoſables.

J'avouerai que ce Mémoire m'a ſéduit, & que le

ſervice en recueilleroit les plus grands avantages, ſans détruire néanmoins la grande objection que cette troupe, reſtant diviſée & morcelée de ſa nature, laiſſeroit toujours le Corps du génie ſans drapeaux; peut-on exiſter ſans drapeaux ?

L'Auteur de l'eſſai ne paroît point d'ailleurs avoir trop diſtingué les rapports que leur inſtitution peut avoir avec l'Infanterie. On pourroit penſer qu'il attache une grande importance aux détails élémentaires; &, ſous ce point de vue, il eſt très vrai que les Ingénieurs ſeroient inſuffiſants; car ils n'ont de leur vie monté de garde : ils ignorent profondément les principes de la tenue; ils ne ſe doutent pas même qu'il exiſte une théorie ſur la marche, fondée ſur les plus ſubtiles obſervations anatomiques de la ſtructure humaine : *des muſcles abaiſſeurs !* . . . . *des nerfs flechiſſeurs !* . . . . Ce langage leur eſt abſolument inconnu.

Quant au maniment des troupes, je crois qu'il ne faudroit peut-être pas eſtimer leurs facultés à cet égard, par certaines opérations où les détails de l'Art leur en ſoumettent la diſpoſition pour quelques inſtants. On pourroit ſe tromper ſi l'on prétendoit en juger par le morcelage des pelotons deſtinés à ſoutenir les progrès des ſapes, ou ſi l'on s'étonnoit qu'ils n'euſſent point encore appliqué la théorie de la marche, pour déployer ſavamment des travailleurs ſur les tracés des attaques.

Au reſte, on ne doit les compter que pour ce qu'ils ſont dans la conſtitution militaire; ils ont élevé des monuments durables; le travail, l'honneur, les connoiſſances, le goût des Arts utiles leur a valu la confiance des Généraux & des Miniſtres, ſur des objets intéreſſants.

L'on ajoutera même qu'ils jouiſſent dans l'Europe d'une réputation fondée ſur les choſes, laquelle s'effaceroit difficilement, nonobstant les profondes recherches étymologiques de l'Auteur de l'essai ; que cette opinion seule des étrangers à leur égard, a eu quelquefois une valeur réelle dans certain cas ; mais qu'elle est d'une considération incontestable lorsqu'elle se réunit à l'importante & permanente utilité des forteresses, dans le poids qu'elles apportent à la balance des forces de l'Etat.

C'est cette influence avérée par des faits, qui semble affliger sensiblement l'Auteur. On croiroit qu'il considere les fortifications comme branches parasites de l'Art ; comme si tout à la guerre n'étoit pas soumis à l'empire invincible du génie conducteur ; comme si la force d'un moyen pouvoit altérer celle des autres, ou que quelque chose pût affoiblir la nécessité primitive de l'institution de tactique.

On craindroit donc qu'il ne ternît quelquefois sa philosophie par de petites jalousies de métier, si elles n'étoient trop indignes des talents à la gloire desquels il aspire. Quoi qu'il en soit, il ne sera pas inutile d'examiner comment & pourquoi il méprise les places.

OBSERVATIONS

Sur les rapports des Forteresses à la sûreté de l'Etat.

Après avoir lu le Mémoire de l'Auteur, sur ce qu'il appelle les rapports de la fortification avec la tactique, on est assez surpris qu'il n'arrive à aucun résultat. Il abandonne d'abord le titre de son Mémoire ; il ne dit pas un mot de ce qui pourroit établir les rapports de la fortification avec la tactique. On voit qu'ensuite il érige en principes tout ce qui étoit à prouver. Mais on est bien plus étonné qu'après avoir balloté son Lecteur, par de vaines déclamations, dans tous les détours de l'incertitude, il le ramene encore précisément au premier pas d'où il est parti. Il n'a rien déterminé, & l'on seroit tenté de lui demander encore, faut-il raser les places ou bien les conserver? faut-il s'en tenir aux places du moment? Jusqu'à présent la position des Villes a presque toujours entraîné celle des places, faut-il donc aujourd'hui que les places entraînent les Villes? c'est-à-dire, faut-il brûler nos Villes, parce que leur emplacement n'est point relatif au mieux possible des positions d'armées, pour les reconstruire & leur donner cette relation parfaite? En ce cas, on prieroit l'Auteur de déterminer cette relation.

On demanderoit encore, faut-il n'avoir pour rempart que la vertu des Citoyens déterminés à la mort? faut-il construire de nouvelles places dans les lacunes de frontieres que l'Auteur prétend être encore découvertes? Si sa nouvelle tactique est un rempart suffisant, pourquoi donc proposer encore de grands dépôts en arriere?

On voit bien que l'Auteur veut écrire, mais il n'est pas aussi aisé de distinguer ce qu'il a voulu établir relativement aux places. S'il veut réellement, comme il le dit, en réduire le nombre, il faudroit donc qu'il se fût expliqué sur les vrais points à conserver : montrer, par exemple, que l'ennemi ne pourroit vaincre les obstacles de l'Art, réunis sur tel ou tel point soutenu par une armée instituée à sa maniere : prouver que l'ennemi pourroit pénétrer, indépendamment de la position actuelle de telle ou telle place : faire entrer, dans des considérations si délicates, les rapports tirés du degré de célérité, avec lequel un attaquant peut paroître ſur une frontiere : obſerver que celui-ci ayant toujours la liberté du choix ſur chaque point, il faut que celui qui ſe défend, qui ne les connoît qu'au moment de l'exécution, puiſſe toujours, par la proportion des rayons à parcourir, être aſſuré de la meſure des marches, pour arriver à temps avec des forces ſuffiſantes.

Il faudroit auſſi que l'Auteur eût déſigné en détail, ſur chaque point, les vrais obſtacles de la nature, combinés d'abord avec les troupes ſeulement, enſuite avec les difficultés plus ou moins grandes, de l'accès des tranſports & des ſubſiſtances.

C'eſt ainſi qu'il eût pu parvenir à connoître la néceſſité de ſuppléer par l'Art, ſur tous les points où l'inſuffiſance de ſes moyens eût été démontrée, ou de raſer les places par-tout où ils pouvoient ſuffire.

C'étoit-là les vrais problêmes à réſoudre, dès qu'il pouvoit être queſtion de réduire le nombre des places. Mais l'Auteur a pris le large ſur ces queſtions intéreſſantes; cependant de leur ſolution dépendoit la détermination de ces rapports annoncés & non remplis.

Il eſt vrai qu'il nous prépare une partie de ces conſidérations pour le grand plan qu'il projette ; mais au moins juſqu'alors ſes déclamations ſont bien vaines; j'aimerois autant un Médecin qui viendroit nous dire : *Meſſieurs, nous allons éprouver un hiver rigoureux ; mais habillez-vous très-legerement, je vous prouverai l'année prochaine que les doublures ſont mortelles :* on pourroit craindre que ce Médecin n'enrhumât bien du monde, en attendant ſa preuve.

Au reſte, l'Auteur pourroit ſe tranquilliſer ſur ces grands calculs; ils ont été faits avant lui : la guerre & ſes dévaſtations, éloignées déſormais de nos frontieres, en ſont la preuve inconteſtable.

Mais les exemples le touchent peu ; il n'admet

point les événements comme des preuves. En ce cas, nous oserons lui proposer quelques réflexions.

Le grand inconvénient des places, selon l'Auteur, c'est l'obligation prétendue d'affoiblir l'armée pour les garnir. Cette idée prouve assez bien le peu d'attention qu'il a porté à l'objet même des rapports essentiels qu'il a annoncés.

Pour y suppléer en partie, il ne sera question que de considérer successivement les circonstances principales dans lesquelles peut se trouver un État relativement à ses limites, à sa politique, à la nature de son gouvernement & à la situation de ses armées.

1. S'il est question de l'offensive absolue, il est évident que les places, quelque multipliées qu'elles soient, ne peuvent nuire, puisque l'armée qui les couvre, toujours dispensée de les garnir, ne peut en aucune maniere en être affoiblie. Nous croyons au contraire qu'elle peut en être renforcée, en proportion d'une plus grande sûreté, dans le principe de ses communications.

2. Si l'armée est dans un état de foiblesse réelle, relative, ou d'opinion, qui lui impose la nécessité d'une défensive absolue, elle trouvera d'abord, dans la chaîne des places, des points d'appui capables de faire respecter ses positions. Mais, suivant sa destination & la nature des vues qu'elle doit se proposer, elle aura une ou deux places en avant, elle en aura en arriere & sur ses flancs : dans cette situation, il est sensible qu'elle ne sera tenue de garnir que les places en avant, parce qu'elle pourra toujours conserver la liberté de renforcer les places de flanc, &, à plus forte raison, les places en arriere.

Cela posé, on pourra concevoir qu'une armée sur la défensive, outre la sûreté des appuis qu'elle tire des places, jouira encore, par leur secours, de la faculté précieuse de contenir une armée de beaucoup plus forte qu'elle, ou de l'obliger à une opération de détail, dans laquelle l'ennemi circonvallant perdra nécessairement la plus grande partie des avantages que sembloit lui promettre sa supériorité. D'ailleurs, dès que l'armée défensive cherche les moyens d'éviter l'action décisive, quel avantage lui donneroient de plus en ligne les troupes qu'elle destine à une, deux, ou même trois places?

Il résulte donc de cette situation, que l'armée défensive tirera plus de force effective des places, qu'elle n'en perdra, par l'obligation de garnir celles qui conviennent à sa position.

3. Si l'armée cherche les moyens de faire craindre l'offensive, il est certain que l'activité des garnisons en avant ne nuira point à ce dessein; il est connu au contraire que leurs relations journalieres avec l'armée, la sûreté des points de réunion dans leurs courses, & toutes leurs opérations extérieures contribueront puissamment à reprendre l'offensive : nous dirons même que l'action continuelle de ces garnisons produira cet effet bien plus sûrement, que ne pourroient faire ces mêmes garnisons réunies en ligne dans un Pays dénué de places; d'autant mieux que l'armée commençant à prendre des positions plus avancées, la relation des garnisons devenant plus prochaine & plus fréquente, on peut les regarder dans ce cas comme faisant partie de l'armée, à cause de la liberté réelle qu'elles ont de s'y réunir, pour quelqu'exécution que ce soit.

On remarquera d'ailleurs qu'aussi-tôt que le projet offensif est effectué, les places se trouvent en arriere, ce qui rentre dans le premier cas.

Il résulte donc évidemment que la défensive active, loin de perdre aucune force par les garnisons, en tire au contraire, outre tous les avantages du ſecond cas, les moyens les plus effectifs de reprendre l'offenſive

4. Si l'armée étoit tellement affoiblie, battue ou découragée, qu'il lui fût impoſſible de tenir la campagne, il eſt viſible qu'il ne pourroit qu'être avantageux de lui fournir un plus grand nombre d'aſyles; & lorſque l'ennemi auroit formé une entrepriſe ſur l'une des places, les autres garniſons auroient toujours liberté de réunion à l'armée de ſecours que le temps auroit pu raſſembler; ce qui, ſelon les circonſtances, reviendroit au ſecond ou au troiſieme cas.

Enfin les places donnent du temps, & le temps eſt le maître des événements qui font le deſtin des États. C'eſt ce que l'expérience a prouvé tant de fois; & c'eſt ce que l'Auteur, qui ſemble ſe plaire à ſe contredire, reconnoît ſi bien lui-même lorſqu'il dit: *dans la guerre de ſucceſſion, ſans toutes les places de Flandre qui arrêterent les Alliés pas à pas, ils ſe fuſſent portés en Picardie, & peut-être plus loin.*

5. Il eſt vrai que l'Auteur ſe récrie beaucoup ſur les dépenſes des places; mais ſi, ſuivant la maxime des hommes d'État, les places étoient des ancres ſacrés de ſûreté, nous lui demanderions de vouloir évaluer leur prix; de bien exprimer, par exemple, ce que c'eſt qu'une dépenſe d'État faite dans l'État même, qui retient aux extrêmités languiſſantes un petit objet de circulation, dont elles manquent eſſentiellement par une ſuite de l'engorgement qui ſe fait au centre; & après avoir réduit ainſi ces dépenſes à leur juſte valeur, en eſtimant ce que peut valoir l'avantage de quelques canaux déſobſtruants qui reportent la vie, de vouloir déterminer enſuite le rapport des fortereſſes avec les révolutions militaires & politiques de l'Europe.

En ſuivant cette marche, il auroit vu que les

plus grands projets de campagnes, les plus grands ſuccès de la guerre ont été arrêtés, ſuſpendus, & ſouvent rendus inutiles par l'opération néceſſaire de l'attaque d'une place. Il ne falloit qu'ouvrir les yeux pour appercevoir que le ſort des armées eſt intimement lié à celui des places, & pour ſe convaincre que cette liaiſon tend toujours à l'objet de conſervation, qui eſt celui ſans doute que doit ſe propoſer un État formé.

6. Qu'un Prince qui a peu à riſquer, peu à conſerver, beaucoup à acquérir, déſapprouve les places qui ne peuvent que nuire à ſes invaſions, on peut le croire.

Que dans les États deſpotiques où la méthode de dévaſter une Province pour mettre un déſert entre ſoi & l'ennemi, peut en quelque maniere ſuppléer au défaut des fortereſſes, on en faſſe peu de cas, cela peut être.

Que, dans ces mêmes États, on craigne les forteresſes, parce qu'on n'oſe les confier à perſonne, cela doit être.

Mais que dans un État conſiſtant, où toutes vues d'agrandiſſement peuvent être preſqu'indifférentes, où le maintien ſuffit à ſa grandeur, où la méthode barbare de dévaſter une Province n'eſt jamais propoſable, où la médiocrité de l'étendue fait qu'on ne peut envahir une partie, ſans que le tout ne ſoit fortement entamé, &c. que, dans ce cas, on vienne déclamer vaguement contre les places, c'eſt ce qui pourra ſurprendre. De plus, que dans les bornes néceſſaires de l'État monarchique, qui doit toujours méconnoître la guerre d'invaſion, & où les poſſeſſions reſpectées rendent tout le terrein précieux; que dans cet État, dis-je, où chaque pas doit ſe diſputer par l'Art & le courage, un Auteur vienne nous dire au haſard que les places ne conviennent que dans le cas *où les intérêts du Peuple ſont ſéparés de ceux du Gouvernement ; que nous ſommes corrompus ; que nous ſommes eſclaves ; qu'il faut avoir des mœurs, des vertus, raſer nos places & nous confier uniquement à ſa tactique ſublime ;* c'eſt ce que nous recevrons, je crois, avec d'autant plus de circonſpection, qu'on verra le compte que l'on doit faire de la ſublimité de cette tactique.

7. Il y a d'ailleurs une obſervation générale à faire, ſur la plus grande difficulté de maintenir des forces égales & conſtantes dans un État à peu près fixé entre ſes limites naturelles, que dans un État conquérant ; parce que, dans la fermentation de celui-ci, les reſſorts y conſervent une action & un degré d'élaſticité, que la tranquillité de l'autre laiſſe néceſſairement affaiſſer ; c'eſt ce qui a été obſervé avant nous. Or les forteresſes ſont préciſément de ces genres de forces, qui conſervent leur valeur indépendamment des cauſes morales du relâchement. Ainſi, quand elles ne conviendroient pas également à toutes les Puiſſances, on peut juger au moins du rapport néceſſaire qu'elles ont avec le maintien d'une Monarchie que la nature ſemble avoir bornée dans cette heureuſe proportion, qui peut lui permettre de contempler dans le calme toutes les révolutions de l'Europe, ou du moins de n'y prendre qu'une part libre & volontaire.

C'eſt l'avantage de cette ſituation, qui a fait dire avec raiſon que la fortune avoit mieux ſervi Louis XIV par des défaites, qu'elle n'auroit fait par des victoires ſoutenues, dont la ſuite eût pu rompre l'équilibre de ſes forces, & détruire toute l'harmonie de ſes moyens.

8. Il eſt remarquable que nos places furent édifiées, pour la plus grande partie, dans un temps de ſuccès, où l'on parut craindre même, quoique très-

mal-à-propos, le projet d'une Monarchie universelle. Pour expliquer ceci, l'Auteur regarde ces monuments d'un de nos plus beaux regnes comme une affaire de mode : cela est bientôt dit. Cependant il étoit assez simple d'appercevoir que, très-éloigné de la Monarchie universelle, Louis XIV n'aspiroit réellement qu'à la Monarchie glorieuse & perpétuelle, & qu'au moins l'événement a prouvé & prouvera long-temps encore que la prétendue mode des forteresses étoit un des vrais moyens d'y parvenir. C'est que les Ministres de Louis XIV avoient un secret ; ils voyoient trois ou quatre siecles à l'avance : on a cru que c'étoit ainsi qu'il falloit voir en fait de fortifications ; mais l'Auteur de l'essai ne se pique pas de prévoyance. L'essor momentané d'une petite Nation l'interesse par dessus tout ; il préfere les cascades d'un torrent à la majestueuse tranquillité d'un fleuve.

9. Il est étonnant que l'Auteur n'ait pas apperçu, dans la derniere guerre, à quel point Olmutz a pu influer sur la liberté du Corps Germanique.

En partant de cet événement marqué, s'il eût parcouru en remontant les trois derniers siecles, il eût peu vu de campagnes qui ne lui eussent offert quelques preuves nouvelles de l'importance des places ; se fût-il même fixé à considérer Charles-Quint, après sa grande victoire de Mulberg, arrêté par cinq petits bastions sur les bords de l'Elbe, craignant d'y perdre la réputation d'invincible, & employant des moyens extrêmes pour éviter d'y compromettre ses armes.

10. *C'est le sort des armées qui regle celui des places*, dit l'Auteur de l'essai. Cette maxime, pour être bien exprimée, n'en est pas plus exacte, dès qu'on lui donne un sens absolu & exclusif : il est bien vrai que c'est le corps qui regle le mouvement des bras ; mais que seroit le corps sans les bras ? On

conviendra, si l'on veut, que ce n'est point aux places à régler le sort des armées ; qu'en conclure contr'elles, lorsqu'il est vérifié que leur sort a réglé celui de l'État, comme on l'a vu en tant d'occasions, & notamment dans la guerre de la succession ?

11. Si l'Auteur eût considéré aussi la relation des forteresses dans les systêmes politiques seulement, il leur auroit trouvé une valeur réelle, & même quelquefois indépendante des troupes ; car ce n'est que par elles que l'on peut évaluer certains rapports de Puissances : vous avez besoin, je suppose, de liaisons importantes avec un État voisin ; si sa foiblesse relative le rendoit méfiant, il faut convenir au moins, dans ce cas, que ce seroit une force effective de pouvoir lui fournir des gages de sûreté ; & l'on peut juger, dans cette circonstance, que les places du moment (que l'Auteur paroît estimer exclusivement) ne pourroient être comptables, parce que l'intention d'une forteresse n'a pas plus de valeur que la peau de l'ours qui court encore.

Les places qui sont au moment de se défendre, ne sont rien sans doute sans les troupes ; mais encore un coup qu'en conclure contr'elles, sur-tout si, dans certains cas, les troupes elles-mêmes n'étoient rien sans les places ? & si, dans d'autres circonstances, on avoit à évaluer, dans un traité de paix, la cession ou la conservation d'une forteresse ?

Il y a telles places, même qu'on pourroit toujours réédifier dans une guerre, quand on seroit assuré qu'elles dussent être démolies à la paix, parce que les conditions d'une démolition peuvent être réellement un équivalent de conquête dans la balance d'échange ; &, de toutes les conquêtes possibles, c'est sans doute la moins onéreuse de celles qu'on est obligé de rendre, puisqu'elle est toujours sûre, facile & que sa dépense dont l'État a profité, eſt toujours très-foible relativement à l'objet d'échange.

12. On demandera encore, en conſidérant les places ſous le point de vue politique, comment l'on pourroit eſtimer celles du moment? La légéreté de leur conſtruction précipitée ne pouvant valoir que par le nombre & le choix de troupes, par les circonſtances momentanées des poſitions & de la réunion des armées, il eſt évident que, dès que tout eſt rentré dans l'état de paix, les places du moment ne ſont plus que des tas de terre, qu'on ne s'aviſeroit guere de propoſer en balance d'échange.

L'Auteur paroît avoir été trompé ſur la valeur réelle des places du moment, par les deux exemples qu'il cite, de Goettinguen & de Caſſel; il n'a point ſenti la différence immenſe qu'il devoit y avoir, entre faire ſortir une place de terre raſe, ou bien profiter des premieres excavations & s'approprier de grandes maſſes déja formées: ſans ce préalable, il eſt connu que, malgré le mérite & l'activité des défenſeurs, ces deux exemples & beaucoup d'autres pareils n'euſſent jamais exiſté. Ceci prouve encore, contre l'opinion de l'Auteur, que, quoique certaines places ſoient mal entretenues, elles ne laiſſent pas d'avoir toujours au moins la valeur de celles des deux exemples cités, puiſqu'elles préſentent les moyens les plus faciles & les plus prompts de les armer en guerre.

13. Nos places ont encore une valeur plus grande & plus indépendante; elle conſiſte dans l'opinion qui éloigne même juſqu'à l'idée d'une invaſion, qui ne peut plus entrer aujourd'hui dans des plans de campagnes dirigés contre la France: nous n'en avons aucune qui, à cet égard, ne joue un rôle muet, mais éloquent pour qui ſait obſerver. C'eſt une force pareſſeuſe, ſi l'on veut; mais ſon inertie même ſemble

laiſſer le temps d'en mieux connoître l'importance.

14. J'entends dire tous les jours : *à quoi ſert telle place, elle ne ſera jamais attaquée?* Les pauvres gens ne font pas toujours attention que c'eſt préciſément parce qu'elle ne ſera jamais attaquée, qu'elle eſt le plus utile. Il eſt aſſez ſenſible encore que, ſous ce point de vue de l'action muette des forteresſes, celles élevées à la hâte pour le moment, ne peuvent avoir aucun poids, parce que l'épouventail d'une exécution à venir n'auroit rien d'aſſez impoſant pour éloigner le projet d'une incurſion ſubite.

Ce n'eſt pas que les places du moment n'aient une valeur très-réelle en des mains habiles; mais leur objet ne peut plus avoir la même étendue, puiſqu'il ſe réduit à former le nœud d'une opération particuliere, à moins que, par un commencement d'exiſtence préalable, ou des circonſtances locales qui ſecondent l'Art, on ne puiſſe en former, comme on l'a vu, le nœud principal des campagnes.

Or ſi les places paſſageres ont pu avoir cette influence, que ne doit-on pas attendre de ces grands monuments de forces permanentes que la ſageſſe d'un Miniſtere éclairé perfectionne encore aujourd'hui?

15. Cependant, s'il faut en croire l'Auteur de l'eſſai, toutes les forces de l'État doivent être concentrées dans une armée conſtituée à ſa maniere, & les places, dit-il, *n'ajoutent pas plus à la force d'un État, que ſes arſenaux & tous ſes attirails de guerre.* C'eſt puiſſamment raiſonner : autant vaudroit qu'il eût dit que toute la puiſſance maritime réſidoit dans l'inſtitution des Matelots, & que le nombre des Vaiſſeaux n'y ajoutoit pas plus de force que les attirails de ſes arſenaux.

16. A l'égard de l'inconvénient prétendu des forteresſes relativement à la liberté des Peuples, c'eſt un point ſur lequel l'Auteur inſiſte aſſez vaguement;

on apperçoit seulement quelles peuvent avoir été ses vues : nous oserons dire qu'elles sont plus fausses encore, qu'elles ne sont hardies dans une constitution monarchique ; il est connu au contraire que les places appartiennent aux Monarchies, & l'on a vu pourquoi les États despotiques doivent les craindre, & comment ils peuvent y suppléer.

Il est assez sensible d'ailleurs que, s'il pouvoit être ici question d'abuser de ses forces, une armée bien ou mal instituée, selon les principes de l'Auteur, y conduiroit bien plus sûrement que les forteresses. Mais l'Auteur veut philosopher, à quelque prix que ce soit. On peut croire cependant que les Loix d'un Art malheureux & nécessaire intéresseront moins les Philosophes que la paix du monde & le bonheur de l'humanité dont ils sont la gloire ; n'importe, l'Auteur d'un essai sur la guerre les provoque à tous propos ; il prend leur langage pour accréditer des erreurs de tactique, & il croit très-nécessaire de s'annoncer pour cela, comme l'Écrivain des Nations & le bienfaicteur des hommes.

C'est ce qui n'est peut-être pas trop recevable : on a pensé même qu'un Auteur Militaire devoit différer en cela des Philosophes ; que ceux-ci peuvent généraliser, mais que l'autre ne peut avoir qu'un but particulier & qu'il ne lui est guere permis d'écrire que pour sa Nation. Si un Auteur se proposoit d'adapter une constitution militaire, au caractere, au génie national, & aux circonstances physiques & politiques de la situation relative de l'État, il en seroit vraiment alors le bienfaicteur, parce que les accroissements de puissance qui en résulteroient, ne seroient que très-imparfaitement imitables. Sans cela, il faut convenir que l'Écrivain Militaire a totalement manqué le but qu'il devoit avoir uniquement en vue : car il faut savoir se décider dans une querelle ; s'il eſt néceſſaire, par exemple, de prendre un parti dans la guerre civile, pour ne les pas perdre tous, à plus forte raiſon faut-il en prendre dans la guerre de Nation, où le choix des partis eſt écrit dans le cœur.

On ſe tromperoit beaucoup cependant, ſi l'on doutoit du patriotiſme de l'Auteur de l'eſſai : c'eſt une imagination emportée qui, dans la chaleur d'une généroſité vraiment philoſophique, voudroit embraſſer le globe entier, mais ce n'eſt qu'une excurſion noble d'un génie élevé ; il rentre bientôt dans le ſein de ſa mere ; il s'arrête ſur la France ; il la conſidere dans un plan politique & militaire ; il nous annonce des calculs dont l'étendue aura de quoi ſurprendre, & ſans doute il en faudra rabattre ſur les idées reçues. Quels qu'en ſoient les réſultats, nous ne croyons pouvoir mieux faire que d'y renvoyer les curieux (page 46.) Si dans le nombre, il s'en rencontroit qui, avec le goût des voyages, puſſent en craindre la fatigue ou l'ennui, ils y apprendront l'utile ſecret des grandes enjambées.

L'Auteur termine enfin ſon Mémoire ſur les fortifications, par une apologie. Il eſt vrai qu'il n'a rien déterminé ; il n'a ceſſé de flotter entre des opinions contraires ; mais ſa ſatisfaction eſt admirable ; il a traité, dit-il, *une matiere neuve ; il a combattu des erreurs revêtues de quelqu'apparence de lumieres* ... ſa victoire eſt complete.

Cependant, puiſqu'il ſemble vouloir rendre les Ingénieurs reſponſables de la multiplicité des places, nous oſons croire qu'ils ne déſavoueront pas l'honneur d'être aſſociés à l'emploi glorieux de raffermir les colonnes de l'État.

Au reſte, il faut toujours finir par rentrer dans le ſentiment de l'Auteur, & convenir que leur inſtitution actuelle ne vaut pas ce qu'elle pourroit valoir :

on

on devroit, par exemple, les exercer dans leurs écoles, aux grands objets de tactique, par l'ingénieux & innocent moyen des petits morceaux de cartons mobiles, proposés par l'Auteur de l'essai ; leur faire quitter le compas pour les accoutumer un peu à manier des armées de papier mâché : ce seroit vraiment alors une école du génie.

Mais sont-ils assez foncés sur les principes, pour tirer quelques fruits de ces jeux sublimes ? & où trouver aussi des instituteurs capables de cette élevation ?

Il ne seroit pas facile d'ailleurs de déraciner leurs préjugés ; ils ne veulent pas même savoir les détails des institutions dont ils n'ont que faire ; ils se concentrent dans les bornes étroites de leur Art ; ils s'occupent dans le silence : leurs mémoires passent de l'un à l'autre, sans sortir jamais de l'obscurité de leurs cabinets ; ils ne savent pas même faire valoir les finesses de l'Art, ni tirer le moindre parti de ce qu'il pourroit avoir de mystérieux pour le commun des hommes qui n'y sont pas fort exercés.

Il faut donc convenir qu'avec de telles dispositions, toujours exclusifs pour ce qui est indépendant, entêtés pour de vieilles vérités, sans éloquence d'ailleurs, sans drapeaux, sans tenue, sans parades, ils ne peuvent être que ce qu'ils sont, c'est-à-dire, de vrais gabions qu'il faut envoyer au centre des feux des sapes, y combiner, avec leur triste sang froid, les moyens obscurs de cheminer progressivement pour sauver des hommes, ou de brusquer à propos pour sauver du temps. Aussi-bien ne sont-ils bons qu'à cela ; peut-être encore à garantir des prestiges des novateurs, & à fixer quelquefois la valeur incertaine, dans des retranchements.

On a prétendu aussi, qu'en des temps de revers que

nous ne devons ni craindre ni prévoir, les Ingénieurs pourroient concourir au retour de la fortune par l'affermissement des forteresses; mais leur utilité éloignée nous intéresse d'autant moins, que toutes fortifications seront désormais superflues, dès que nos Armées seront instituées suivant les nouveaux principes, c'est-à-dire, lorsqu'elles seront très-exercées au déploiement sur l'ordre mince, qui est sans doute le sublime de la tactique, comme on en jugera.

De la défense des Provinces maritimes.

ON peut croire que l'Auteur de l'essai a entrevu le vrai point de défense des côtes; il paroît préférer pour cette circonstance, le moyen des places fortes: nous serons de son avis. Mais, comme il ne s'est point expliqué, nous croyons devoir ajouter encore, qu'il ne faut pas trop se confier aux batteries des côtes. Toutes les guerres, notamment la derniere, fournissent des exemples de débarquements faits malgé l'effet des batteries. On a cependant quelquefois excessivement multiplié ce moyen; l'expérience a dû nous apprendre que, s'il est utile dans quelque cas, il ne doit jamais dispenser de la nécessité de s'assurer des grands dépôts de réunion.

C'est un principe sur lequel on pourroit insister avec d'autant plus d'avantage, que de nos jours on a semblé le méconnoître.

On connoît le néant des grandes murailles, & la pompeuse futilité des monuments de cette espece. Une frontiere se défend par la chaîne des places; on ne s'avise pas d'en lier l'intervalle par des lignes, encore moins par des batteries; pourquoi donc a-t-on semblé attribuer ce privilege exclusif aux côtes de la mer ? Seroit-ce une suite du genre d'attaque à quoi elles sont exposées ? Ce genre d'attaque paroîtroit indiquer, au contraire, une méthode différente ; la célérité des mouvements d'un Escadre (célérité que ne peut jamais avoir au même point une Armée de terre) donne toujours à l'assaillant le pouvoir de surprendre ou de brusquer, ou de faire prendre le change sur le vrai point du débarquement.

Tenons donc pour certain que toute tentative faite sérieusement, en fait de débarquement, ne peut guere manquer de réussir indépendamment de la multiplicité des batteries ; & prenons pour principe, qu'une côte ne doit pas se défendre autrement qu'une frontiere ; avec cette différence seulement, que les forteresses maritimes, devant être proportionnées à la force possible des Armées de débarquement, combinées avec celles à qui elles peuvent se réunir, il peut suffire dans ce cas, d'établir des centres de force, sans tomber dans une multiplication de points fortifiés, qui deviendroient dispendieux & superflus.

Sur les retranchements d'Armées.

IL nous est impossible de suivre l'Auteur de l'essai sur ce qu'il avance rélativement aux retranchements des Armées. Il veut que les points d'une position retranchée, n'aient aucune rélation entr'eux ; parce que, dit-il, *une Armée ainsi retranchée, en formant les courtines avec des Troupes, n'est plus en mesure pour faire craindre l'offensive à l'ennemi ; ce qui est la sublimité de la defense.*

Il substitue à cela *des points retranchés vis-à-vis des debouchés de l'ennemi, sans s'embarrasser s'ils se defendent réciproquement.*

J'avouerai que ces idées m'ont paru inexplicables. On ne peut concevoir, en effet, comment la rélation, c'eſt-à-dire, la défenſe mutuelle des points fortifiés d'une poſition pourroit nuire à des vues offenſives ; l'on conçoit encore moins comment la non-rélation des points fortifiés de cette poſition auroit ce privilege particulier de faire craindre l'offenſive.

Nous ne pouvons donc que ſuſpendre notre Jugement, juſqu'à ce que l'Auteur ait donné la clef de ces Enigmes.

Inſtitution de l'Infanterie rélativement au travail.

ON a cru que, pour réſoudre un plan de campagne, dans le cas d'une guerre défenſive, comme dans celui d'un projet de conquête, il falloit, pour procéder avec ordre & avec sûreté, conſidérer toutes les combinaiſons qui réſultent de l'oppoſition continuelle du fort au foible.

Ce principe, trop général peut-être, laiſſe néanmoins appercevoir le rapport & la liaiſon qui exiſtent entre les plus grands projets de campagne & certaines parties de la guerre de détail, telles que les travaux des ſieges, des retranchements & des fortifications en général. De là, ſuit la néceſſité indiſpenſable d'inſtituer l'Infanterie d'une maniere rélative & propre à ce genre.

Nos Armées ne peuvent reſſembler à celles des Turcs ; les Janiſſaires combattent, & n'ont point d'autre charge ; ils ſont ſuivis d'un nombre infini de Pionniers capables d'exécuter des travaux immenſes. L'on ſent aſſez les inconvénients d'un uſage, qu'un deſpotiſme outré rend praticable, qui ſeroit d'ailleurs inadmiſſible parmi nous. Nous devons donc accoutumer l'Infanterie à regarder le travail comme essentiel à son institution.

Si l'esprit manœuvrier étoit absolument exclusif, il pourroit avoir de dangereuses conséquences. L'Infanterie ne trouvera pas toujours sa sûreté dans la finesse des manœuvres; elle sera quelquefois forcée d'user de la ressource du foible; ressource nécessaire, même dans les Armées supérieures & victorieuses, dans les cas fréquents, où les objets multipliés exigent un partage des forces, vis-à-vis duquel l'ennemi, quoique plus foible en tout, pourroit se trouver supérieur dans les parties.

L'Art de la guerre ne consiste pas uniquement à combattre lorsque les Armées sont en présence; ce moment doit-être longuement prévu; il faut y arriver avec les plus grandes précautions; il faut préparer l'action principale par une infinité d'échecs particuliers; éviter souvent des engagements généraux, dont la suite pourroit être trop rapide ou trop décisive; il faut au moins s'emparer de la faculté d'en choisir les lieux & le moment, & n'être jamais forcé d'en venir aux mains. Voilà l'épineux de la guerre, & c'est-là sans doute ce qui prouve la supériorité de l'Art sur la force.

Si l'on parcourt les crises communes de la guerre, on trouvera à chaque instant l'occasion d'appliquer des moyens de détails qui paroîtront minces, peut-être, si l'on perd le souvenir qu'une redoute, à Pultava, arrêta le torrent de la fortune de Charles XII. L'on citeroit une infinité de cas semblables où les moindres objets en apparence ont eu les plus grandes influences.

Nous voyons, d'ailleurs, dans le détail journalier des campagnes, des preuves de la nécessité toujours renaissante, de suppléer à l'insuffisance des forces naturelles. Ici, c'eſt une double opération qui oblige à diviſer ſes forces, & même à perdre pour un temps la meſure de réunion, d'où ſuit la néceſſité de ſe retrancher. Là, on veut ſuivre un objet; cependant on eſt obligé de laiſſer des magaſins, des fours, des dépôts, &c. . . . alors il faut ſe retrancher.

Tantôt il faut défendre des gués, ſoutenir des têtes de ponts, s'aſſurer d'un point important, que l'on ne peut occuper à force ouverte; dans ce cas, il faut encore ſe retrancher.

Le foible obſerve, ſe plie, ſe replie, eſquive, reparoît, tue le temps; enfin il ſe retranche.

Le vainqueur fait des ſieges, il avance des ordres de bataille couverts contre des places, & ſe retranche doublement contre les entrepriſes du dedans & du dehors.

Le vaincu trouve encore de grandes reſſources dans ſon induſtrie & ſon travail; il ſe retranche, il défend ſes places, il éleve de nouveaux obſtacles à la vue de l'ennemi, renverſe ſes meſures, l'oblige à changer ſes deſſeins, ſupplée, à force d'Art, à ſon inſuffiſance, gagne du temps, répare ſouvent ſes pertes.

Ces moyens, il eſt vrai, n'ont pas l'éclat de cette immenſe activité du génie, qu'exige une exécution rapide dans un jour d'affaire; mais ſont-ils moins néceſſaires & moins indiſpenſables?

Les Romains ſeront mes garants; leur diſcipline dirigée vers l'eſprit du travail fut un des principes de leurs ſuccès. Les Grecs ne connoiſſoient de repos dans leurs Armées que les moments néceſſaires au ſommeil; ils ſavoient que l'oiſiveté produit le relâchement; ils etoient ſoutenus dans cette vie laborieuſe par l'amour de la Patrie, l'honneur, l'émulation; nous pouvons tendre les mêmes reſſorts; nous pouvons y en ajouter de plus puissants, peut-être.

Si l'esprit laborieux fut nécessaire alors, croyons qu'il est indispensable aujourd'hui, depuis la révolution qu'à produit en Europe l'invention; de la poudre.

L'on pourroit voir aussi une Nation très-célebre pour la parade, la tenue, les manœuvres, & même les victoires, exposée à en perdre le fruit, pour avoir méprisé cette partie essentielle de l'institution, pour n'être point propre au travail & à l'exécution d'une opération de détail, telle que seroit l'attaque d'une place.

Cette Nation pourroit craindre la fange, peut-être autant que les dangers de la guerre. Tel est l'effet nécessaire de la tenue poussée à l'excès; la molesse la suit de près. C'est une conséquence certaine, qu'un Soldat qui seroit continuellement occupé des petits soins de sa parure, ne se livrera jamais à un travail de force, où il doit, pour ainsi dire, s'oublier lui-même.

La tenue est une idée nouvelle; on a pu craindre un moment, qu'elle n'entrât essentiellement dans le génie de la guerre. L'excès en ce genre mene sûrement à la molesse; il prive le soldat d'une partie de sa subsistance; il déguise un vice réel; il n'en imposera jamais aux vrais militaires qui ne jugent point des qualités propres pour la guerre par des effets de parade.

Les entrées triomphales étoient de vraies parades; l'on ne connoissoit point la tenue, un soldat étoit chargé de fer, les trophées composoient sa parure. Si ces temps de gloire ne sont plus, si, sans un entousiasme déplacé, l'on ne pouvoit espérer de les voir renaître, il ne seroit pas inutile d'en retracer l'image, ne fût-ce que pour montrer à quel point on pourroit s'éloigner aujourd'hui de l'esprit des choses.

Nous remarquerons encore qu'il pourroit être plus

nuisible qu'avantageux de mettre un trop grand frein à une certaine vivacité qui distingue le caractere d'une Nation, & peut lui donner de grands avantages : les extrêmes sont dangereux ; un degré d'indépendance peut n'être pas contraire à la meilleure discipline.

Qu'une Troupe soit composée d'Hommes tels que la bonne nature les fait naître ; que, moins élégants, plus vigoureux, plus robustes, ils soient astreints au frein d'une discipline exacte, mais facile, & jamais humiliante ; qu'ils soient sages sans tristesse ; que leur tenue plus mâle soit conforme au climat, plutôt qu'à des goûts arbitraires ; que des recréations, des jeux, des joutes & des prix entretiennent une gaieté constante & sans désordre ; que les exercices soient fréquents, réglés, courts, violents ; que la rapidité des manœuvres soit toujours l'image de ce que devroit être la guerre ; qu'elles se succedent promptement en évitant ces longs intervalles d'inaction que l'on emploie quelquefois à bornoyer des alignements, ou à compasser des mouvements, dont la lenteur refroidit l'esprit du soldat, & sont les seules sources de l'ennui qui l'accable ; que ces hommes, sur-tout, soient constitués sur un plan de tactique national, propre à développer leur vrai génie, à donner à la vivacité Françoise tout l'essor de son audace assaillante, & toute l'impulsion dont elle est capable ; que ces hommes enfin soient entretenus dans l'habitude d'un travail réglé, modéré, constant, journellement continué, avec un salaire modique que l'on tourneroit au bien de la chose, à celui de la Troupe, qui y trouverroit une subsistance plus ample, & une tenue plus vraie & plus solide.

Qui peut douter alors que nous n'eussions des soldats, des hommes fiers, robustes, soumis sans baſſeſſe, obéiſſants par raiſon plutôt que par contrainte, des hommes infiniment ſupérieurs à ceux qu'un joug continuellement appéſanti ſur de petits objets, auroit privé de la faculté de penſer & d'agir par eux-mêmes ?

O eſprit de corps, qu'on a oſé taxer d'indiſcipline ! qu'êtes-vous devenu ? ne pouvoit-on, ſans le détruire, en modérer l'indépendance ?

Si, comme quelqu'un l'a définie, la diſcipline étoit l'art d'inſpirer aux ſoldats plus de peur de leurs Officiers que des ennemis, on auroit lieu de s'étonner que l'on eût pris la peur pour principe d'une inſtitution militaire. Cette peur reſſembleroit beaucoup en effet à la diſcipline Allemande ; elle pourroit avoir eu quelquefois l'effet du courage, mais certainement ce courage ne vaudroit pas celui qui prend ſa ſource dans la chaleur du ſang, celui qu'inſpire un certain fanatiſme de gloire dont le germe précieux exiſte encore parmi nous. Ainſi, en convenant de tous les inconvénients du relâchement de la diſcipline, il faut avouer auſſi le mauvais effet que produiroient ſur nous des entraves trop auſteres. Nous prendrions aiſément cet heureux terme, & en appliquant avec adreſſe nos avantages naturels, quelle ſupériorité ne devrions nous pas prétendre ſur un courage factice, inſpiré par la crainte, ou même ſur la férocité aveugle ?

Il eſt encore une autre conſidération qui doit confirmer la néceſſité d'entretenir le ſoldat dans l'habitude des travaux, c'eſt que le courage prend de l'eſſor à meſure que le corps prend de la force ; la valeur a ſes nuances ; le devoir peut beaucoup, l'honneur peut d'avantage, l'yvreſſe de la gloire conduit plus loin encore ; mais ces reſſorts ne ſont-ils point trop délicats pour l'ame agreſte d'un ſoldat ? Il eſt une valeur de tempéramment fondée ſur la vigueur & la conſtitution robuſte du corps, d'où naît une certaine fierté, une opinion de ſupériorité de force que l'on ſe ſent ſur les autres ; celle-ci convient au ſoldat qui pourroit ne pas avoir toujours des idées bien nettes ſur l'honneur, ſur-tout ſi l'inſtitution tendoit à la perte de l'eſprit de corps. Or, quoi de plus propre que l'habitude du travail pour le rendre nerveux & robuſte, & ſoutenir peut-être en lui le principe de courage le plus réel dont il ſoit ſuſceptible ?

Il y a plus encore, on pourroit voir les plus vaſtes projets s'exécuter inſenſiblement, & les plus grandes entrepriſes devenir faciles par l'exercice réglé d'un travail habituel ; le temps feroit connoître alors des monuments bien ſupérieurs ; des hauteurs aplanies, des montagnes eſcarpées, des coupures immenſes, des rivieres enflées, des fleuves détournés, leur inconſtance enchaînée par des digues, de larges précipices, de grandes maſſes de rempart ; j'oſe croire enfin que l'eſprit du travail introduit dans nos troupes, produiroit peut-être des obſtacles plus vrais que ceux employés par nos plus grands maîtres, ſouvent gênés par des calculs de finance, & preſque toujours forcés de regagner en ſubtilité ce que la modicité des moyens leur fait perdre en force réelle.

S'il arrivoit donc aujourd'hui que nos Tacticiens modernes regardaſſent le travail comme étranger à l'inſtitution de l'Infanterie, on pourroit juger combien ils s'éloigneroient de ſon véritable eſprit, & l'on ne pourroit trop tôt prévenir les conſéquences d'un préjugé ſi faux, ſi contraire à l'opinion reçue ſur les qualités ſupérieures du ſoldat Romain ; qualités avouées par ceux mêmes qui s'en éloignent le plus, pour ſatisfaire ſans doute à l'eſprit du jour, qui, d'un excellent original François ne feroit jamais, en le germaniſant, qu'une très foible copie.

Tout annonce enfin qu'une troupe, qui n'auroit que les qualités propres à l'exécution de l'action principale de la guerre, manqueroit encore par un point eſſentiel de ſon inſtitution. Ainſi ſi cet objet étoit négligé, ſi l'on affectoit de l'indifférence pour des opérations auſſi immédiatement liées aux plans généraux de la guerre, comme aux détails journaliers des campagnes, on pourroit penſer que ceux-là qui auroient pu concevoir l'idée qu'une troupe n'étoit faite que pour combattre, n'auroient pas les vues aſſez étendues pour appercevoir tous les rapports de l'art, qu'ils n'auroient vu, pour ainſi dire, que les clairs du tableau, & qu'ils n'auroient enfin, de cet art ſi difficile & ſi composé, qu'une notion vague, découſue & dénuée de cet eſprit de combinaiſon qui ne s'acquiert que par une expérience réfléchie, ou de profondes méditations.

Tout ceci ne peut regarder ſans doute l'Auteur de l'eſſai, lui qui a pouſſé ſi loin l'étendue de ſes vues, qui d'ailleurs a blâmé l'excès de la tenue. Cependant nous oſerons lui reprocher d'avoir méconnu, négligé, & mépriſé alternativement tous les moyens acceſſoires, tirés de l'art de fortifier, de n'avoir point conſidéré l'inſtitution de l'Infanterie rélativement à l'eſprit du travail, & d'avoir concentré tout le génie de la guerre dans un ſeul objet. Que feroit-ce donc encore s'il avoit manqué cet objet? C'eſt ce que nous allons examiner.

RÉFLEXIONS

Sur l'eſprit de la tactique moderne.

IL y auroit peu d'objets plus dignes de fixer l'attention des hommes, qu'une analyſe bien dévelopée de l'eſprit des inſtitutions militaires, puiſque, de leurs bonnes ou fauſſes applications, peuvent dépendre le maintien des Etats, leur accroiſſement & leur gloire, ou leurs revers, leur ruine & leur chûte.

Il paroît que l'on n'a pas ſenti dans tous les temps la force de leur influence : les nations ſe ſont ſucceſſivement copiées ; les hommes, qui ont eu le plus de génie ou le plus de ſuccès, ont donné le ton ; on a pris leurs victoires pour des preuves ſans replique de la ſupériorité de leurs ordonnances ; on les a imitées ſans autre examen, & l'on n'a point ſenti que les conſtitutions les plus bizarres en tactique, pouvoient réuſſir contre un peuple plus ignorant & plus bizarre encore.

Qu'une horde de ſauvage de l'Amérique deſcende un jour de la Zone polaire, qu'ils ſoient armés de perches de trente pieds, qu'ils faſſent irruption dans une ordonnance plate ou pointue, qu'ils renverſent le midi, qu'ils y établiſſent, ſi l'on veut, un Empire : que penſeriez-vous de cet autre barbare qui, pour réſiſter aux vainqueurs, s'armeroit de même de perches de trente pieds, & ſe rangeroit auſſi dans une ordonnance plate ou pointue ? Je crois que nous méritons un peu ce qu'on pourroit en dire.

Le Génie du Nord paroît avec gloire ſur la ſcene guerriere; il donne aujourd'hui la ſeule influence dans le renouvellement des conſtitutions militaires. Des ſuccès brillants, qui ſont la récompenſe du génie, plutôt que les fruits d'une inſtitution particuliere dont il a ſu tirer parti, nous ont aveuglés au point que nous avons cru nous élever à ſa hauteur en imitant les détails de cette inſtitution. Mais il falloit auſſi imiter ſon génie. Ce génie eſt vaſte, & voici en quoi l'on ne s'eſt guere aviſé de l'admirer.

Il connoît ſupérieurement le fort & le foible de toutes les combinaiſons de tactique; il en a peſé les rapports avec le génie & le caractere des nations. En portant ainſi des vues générales ſur nos conſtitutions modernes, il a ſaiſi celle qu'il a jugé devoir convenir au caractere patient & flegmatique de la nation qu'il avoit à conduire. Il s'eſt donc appliqué à perfectionner l'ordre habituel, mais il s'eſt gardé d'en changer l'eſprit ; il a apperçu, avec ſa ſagacité ordinaire, que les ordres de profondeurs impulſifs, étoient les vrais reſſorts qui convenoient à l'audace Françoiſe ; que la ſimplicité de leur organiſation nous ſoulageroit du poids accablant d'une diſcipline triſte & rigoureuſe qui ne nous convient point : il a compris que, puiſque nous étions aſſez aveugles pour ne pas ſoupçonner que nous poſſédions en nous ce germe précieux de la victoire, ce n'étoit pas à lui ſans doute à nous en avertir; & connoiſſant d'ailleurs notre goût imitatif, il a penſé qu'il lui feroit plus avantageux de nous laiſſer copier de foibles déploiements auxquels ſon génie ſait donner quelque poids, que de nous aprendre le véritable ſecret de nos forces.

Il a jugé que, s'il prenoit l'ordre de profondeur pour baſe de ſa conſtitution, nous ne manquerions pas de le prendre bien-tôt aussi, & c'eût été nous fournir contre lui la plus redoutable des armes : c'eût été développer, dans notre caractere, toute la force qu'il peut tirer de son impétuosité ; c'eût été enfin ôter à sa nation l'avantage des affaires de pied ferme ; avantage qui prend sa source plutôt encore dans le flegme Allemand, que dans l'austérité d'une discipline exacte.

Le Roi Philosophe auroit donc pris l'ordre mince, non comme le meilleur en lui même, mais comme le meilleur rélativement ; ainsi, au lieu de le mettre au nombre des ordonnances militaires, il ne do t réellement être considéré que comme un ordre politique : l'on verra qu'il seroit difficile de le nommer autrement.

Mais, quand on supposeroit un excellent original en tactique, il ne résulteroit pas que la copie dût être toujours bonne : elle pourroit être même très-mauvaise, si les convenances physiques & morales y résistoient ; de même que des loix peuvent convenir à une nation dont une autre ne s'accomoderoit guere. C'est une observation importante à laquelle l'Auteur de l'essai général n'a fait nulle attention : on peut bien imiter avec avantage dans certaines branches de l'art de la guerre. Qu'une puissance, par exemple, ait une artillerie bien constituée, si ce moyen devoit rester décisif, comme il l'est aujourd'hui, ce seroit le cas d'en copier les détails ; on le pourroit sans risque ; ce seroit une expérience toute faite qui en garantiroit le succès : mais il n'en est pas de même des institutions de tactique, qui peuvent être liées à l'esprit général d'une nation.

S'il en étoit une, je suppose, dont l'activité sensiblement marquée dans l'offensive, parût se ralentir dans d'autres circonstances, & perdre quelque chose de la vivacité de son audace ; si elle témoignoit conſtamment à la guerre une impatience imprudente de joindre l'ennemi à tout propos & ſans rien conſulter, peut-être parviendroit-on difficilement à réprimer une ardeur qui tiendroit à des cauſes éloignées.

Mais ce ſeroit le ſublime de l'art, dans l'inſtituteur, s'il ſavoit appliquer les diſpoſitions naturelles de cette nation, profiter même de certains défauts, qui, dans des mains habiles, pourroient devenir autant de reſſorts de vertus guerrieres, & s'il parvenoit enfin à tirer avantage de cette heureuſe témérité, de ces boutades inimitables à laquelle on a pu la reconnoître en tant d'occaſions; car nous aurons beau copier, égaler même l'objet de notre imitation, nous ne ferons jamais très-bien que ce que nous ferons par goût, par inclination & par tempéramment.

L'Auteur de l'eſſai n'a pas eu cette adreſſe; des obſervations ſi délicates, en même temps ſi eſſentielles, lui ont totalement échappées: il veut amener la vivacité Françoiſe à la peſanteur Allemande. Il n'a point ſongé à adapter des principes convenables à des hommes tels qu'ils ſont; il n'a point cherché à lier leurs goûts naturels avec l'intérêt général de l'inſtitution. Cependant c'eſt dans cette union ſeule que devoit réſider tout l'eſprit de la tactique; mais c'eſt de quoi il s'eſt malheureuſement peu embarraſſé.

Il falloit donc au moins qu'il composât auſſi des hommes propres à la froideur de l'action moderne, à l'inertie d'une ordonnance qui nous repugne, & qui, perfectionnée au-dela même de ce qu'on peut le ſuppoſer, ne nous donneroit jamais que le foible avantage d'une triſte égalité difficile à atteindre.

Idée générale de l'Ordonnance Françoise.

JUsques à quand voudrons-nous méconnoître la ſeule ordonnance de tactique qui convienne à la valeur rapide de la nation Françoiſe ? L'ordre de profondeur; le ſeul qui ne puiſſe être imité, (du moins avec autant d'avantage,) par des riveaux qui n'ont ni le même feu ni la même véhémence : le ſeul propre à réunir, dans l'action principale de la guerre, le puiſſant avantage du mélange des armes ; l'ordonnance de charge, en un mot : ordonnance que nous n'avons pas, qui le croiroit ? non, nous ne l'avons pas; nous prouverons que c'eſt ne pas l'avoir, dès qu'elle n'eſt qu'accidentelle, & qu'elle n'eſt pas primitive, habituelle, & méme excluſive pour les cas excluſifs.

Cet ordre excellent, qui don e une ſorte d'énergie à chaque individu, par l'eſpoir vraiſemblable d'une gloire perſonnelle , le ſeul par lequel le Chef puiſſe prévoir, ordonner aux circonſtances, & conſerver les meſures de l'action par une liberté toujours active, toujours indépendante, nous ne l'avons pas, nous ne voulons pas l'avoir !

Ordre réſiſtant, ſuffiſant à lui-même, mais diſpoſé toujours à recevoir, comme à porter tous les ſecours. Ordre ſimple, parce que devenu habituel, il ſeroit de ſa nature invariable ; il eſt en même temps propre aux manœuvres, à la charge, aux actions de force, aux retraites, & même à la marche en terrein ouvert, ſinon il ſe rapproche du moins infiniment plus que les fronts de bandieres, de la ſituation forcée, des longues colonnes de route.

Ordre fort, non en raiſon du produit de ſa maſſe par ſa vîteſſe, ce qui ſeroit abſurde pour des

des forces vives, individuelles; mais fort, par l'ensemble de sa masse, qui impose à la Cavalerie, & rompra toujours de l'Infanterie déployée.

Telle est une partie des propriétés de l'ordonnance pleine. Tels sont les objets du mépris, ou de l'indifférence des aveugles imitateurs de Frederic.

Un point de tactique aussi intéressant mériteroit une discussion complette ; mais nous craignons de repéter ennuieusement ce qu'on a dit cent fois inutilement ; nous nous bornerons simplement à quelques réflexions propres à établir le parallele des ordres de profondeur, avec les principes posés dans l'essai général de tactique.

DISCUSSION.

L'ordonnance du choc, tant contestée, enfin presque tournée en ridicule, ne laisse pas cependant de réunir des propriétés avouées : on convient que ces masses, combinées dans les vraies proportions qu'elles doivent avoir, sont capables de mouvement, de vitesse, d'impulsion ; on convient qu'une ligne d'Infanterie doit céder à leur choc : on convient qu'elles ont la faculté exclusive de franchir avec rapidité ; on convient qu'elles sont propres à forcer des postes, aux attaques des retranchements, aux retraites; on convient encore qu'elles doivent imposer à la Cavalerie ; on convient de tout cela ; & par une inconséquence bizarre, on nie en total ce qu'en détail on avoit avoué.

Il ne sera pas question ici du mieux possible dans les proportions de l'ordre plein, ni des détails d'armement qui lui sont propres ; il faut élaguer ; nous n'examinons à présent que les propriétés générales.

Nous disons que la colonne peut faire ferme devant la Cavalerie ; que sa masse & son adhérence nécessaire, au moment qu'elle fait halte, la garantit du danger d'être entamée ; qu'elle peut fournir assez de feu pour l'éloigner, & qu'elle peut reprendre ensuite le degré d'impulsion qui convient à sa destination. Nous croyons pouvoir partir de ces propriétés, comme de principes fondamentaux, parce qu'outre les exemples multipliés qui les appuient, on en trouveroit la preuve dans la nature des choses ; preuve dont nous sommes heureux de pouvoir éviter l'ennui, en rappellant le seul exemple de Schullembourg, qui a démontré tous ces faits, pendant une journée entiere, devant la Cavalerie de Charles XII. menée en personne, qui, assurément, étoit de la bonne Cavalerie.

Si l'on accorde que la colonne mobile & forte a pu atteindre une ligne d'Infanterie, malgré les charges de Cavalerie, il faut convenir qu'elle l'enfoncera ; c'est une suite nécessaire de la réunion d'action, contre des forces désunies ; & d'ailleurs, sans nous attacher à la somme des vîtesses, il est certain qu'il y a, au moment du choc, une certaine chaleur, une ivresse de gloire, qui presse les rangs, & qui produit une véritable somme de masses, ce qui a été observé dans toutes les actions de choc, & en cent exemples d'assauts. La colonne enfoncera, parce que le plus souvent la ligne mince ne l'attendra pas ; elle ne l'attendra pas, parce que le propre de l'ordre plein, lui donnant supérieurement & exclusivement le ton offensif & audacieux, il étonnera la ligne qui sera toujours rompue, même avant le choc ; & elle le sera d'autant plus sûrement, que chaque individu de l'ordre mince a contre lui le sentiment intérieur machinal, mais général ; *je me défends ; donc je suis en danger.* Il l'enfoncera enfin parce que nous sommes François.

Mais ce n'est pas nous qu'il en faut croire ; aussi-bien en disons-nous beaucoup trop pour les gens instruits, & nous ne serions peut-être pas en état d'en dire assez pour ceux qui ne le sont pas, ou qui ne veulent pas l'être : consultons l'histoire militaire de tous les siecles, consultons l'expérience des observateurs ; non, il n'est pas temps ; faisons mieux, quant à présent, consultons l'Auteur de l'essai général lui-même, vous ne recuserez pas son autorité ; voici ce qu'il dit :

S'il faut attaquer & percer, je dis qu'il faut former l'Infanterie en colonne ; mais ce n'est pas pour avoir la pression exacte & chimerique dont ont parlé quelques Tacticiens, ni pour augmenter la prétendue force de choc ; ce sera pour se procurer une succession continue de mouvement qui fasse qu'une division entraînée par la division suivante, soit comme forcée d'arriver sur le point où l'on veut faire effort ; ce sera sur-tout parce que cet ordre donne de la confiance au soldat, & intimide l'ennemi ; car la plûpart des hommes n'ayant pas les idées justes, & ne voyant que par les yeux du corps, attribuent gain de cause à la Troupe qui leur paroît la plus épaisse, & qui rassemble le plus d'hommes sur un même point.

Nous demanderons d'abord qu'est-ce que l'Auteur a prétendu dire, lorsqu'il cherche à réduire les avantages de la colonne *à une succession continue de mouvement, qui fasse qu'une division entraînée par la division suivante, soit comme forcée, &c.* On conçoit très-bien qu'une division peut être poussée & forcée à une détermination quelconque par la division suivante, mais il n'est pas également aisé d'imaginer qu'elle sera entraînée par la division suivante : celui qui précede peut bien entraîner celui qui suit ; mais il est ridicule de faire entraîner le précédent par le suivant : mais tout cela n'est rien ; ce ne sont que des mots qui ne sont peut-être pas sans art ; toujours est-il que, quelles que soient les causes de la détermination d'une colonne d'Infanterie, l'Auteur la reconnoît positivement dans ce passage ; & en le disséquant avec attention, on en tireroit des preuves complettes en faveur de l'action de choc, & par conséquent en faveur de la seule ordonnance qui y soit propre : oui, ces preuves en sortiroient, malgré l'affectation marquée d'en atténuer les propriétés. *S'il faut attaquer & percer, je dis qu'il faut former l'Infanterie en colonne.* Mais pourquoi n'est-il pas toujours nécessaire d'attaquer & de percer, dès-qu'on est une fois déterminé à engager une action ? car si votre attaque en colonne vous promet & vous assure de percer, que pouvez-vous donc espérer de plus ? & pourquoi n'êtes-vous donc pas habituellement dans cet ordre ? c'est ce que nous examinerons plus particuliérement dans la suite. *Mais ce n'est pas*, continuez-vous, *pour avoir cette pression exacte & chimerique, dont ont parlé quelques Tacticiens, &c.* & qu'importe cette pression exacte, dès que nous sommes assurés de percer. Mais, d'ailleurs, cette pression n'est point chimérique, elle n'existe point sans doute dans le mouvement de franchir ; cela nuiroit même à sa vîtesse ; mais le contact succede immédiatement, au moment où la tête a rencontré l'obstacle à renverser, & alors il en résulte une somme d'impulsion, sans vîtesse acquise, à la vérité ; mais nous n'avons que faire de la vîtesse acquise, ce sont des subtilités ; il nous ſuffit de l'effort commun inſtantané; il nous ſuffit d'ailleurs que *la colonne perce*, c'eſt vous qui l'avez dit.

Nous dirons encore que, s'il eſt queſtion de faire ferme devant la Cavalerie, le contact général ſuccédera dans la colonne, immédiatement au commandement *halte*, & cela par un effet néceſſaire *de l'inſtinct moutonnier*; c'eſt encore vous qui l'avez-dit. Nous examinerons ailleurs quelle ſera la ſuite de cet inſtinct. Il nous ſuffit, pour le moment, de ſavoir que la preſſion n'eſt point chimérique, & qu'elle a réellement lieu dans l'inſtant où elle eſt néceſſaire.

Remarquons encore ces paroles : *Ce ſera ſur-tout parce que cet ordre donne de la confiance*, *&c.* Et enſuite, *les hommes ne voyant que par les yeux du corps*, *&c.* Si cet ordre donne de la confiance, pourquoi n'eſt-il donc pas habituel fondamental ? Et à l'égard des yeux du corps, faites attention qu'il faut prendre les hommes comme ils ſont.

OBJECTIONS.

Mais vous avez des raiſons ; c'eſt le feu deſtructeur ſur l'ordre plein ; c'eſt le grand développement des feux redoutables de l'ordre déployé : les ravages du canon, les trouées, les brèches qu'il occaſionnera ſur nos colonnes. Voilà les grandes objections dans toutes leurs forces. Il faut convenir qu'elles n'étoient pas faites pour amollir la trempe vigoureuſe du génie de l'Auteur de l'eſſai. Il faut faire évanouir ces vains fantômes, qui ont pris naiſſance dans l'opiniâtre prévention des copiſtes de Frederic, bon à admirer ; mais beaucoup meilleur à vaincre qu'à imiter en tactique.

Premiérement, le feu de mousqueterie de l'ordre déployé fera infiniment moins d'effet sur une armée déployée en colonnes, avec les intervalles qui leur sont propres, qu'il n'en feroit sur un front égal, non interrompu ; cela est si sensible, qu'il ne demande qu'à être énoncé, & l'on me dispensera de la démonstration. Passons aux effets de l'artillerie.

Il est vrai que les effets de l'artillerie seront beaucoup plus meurtriers en temps égaux sur l'ordre plein, que sur une ligne mince déployée ; c'est-à-dire, que, s'il pouvoit être question, pour la colonne, de soutenir une affaire de pied ferme, une affaire de feu ; si, dans un seul cas, il étoit nécessaire qu'elle dût rester en panne, sous le feu de l'artillerie, pour attendre de nouvelles mesures, ou préparer des manœuvres ultérieures, alors on en convient, le canon lui feroit éprouver de grandes pertes ; mais ce n'est point cela du tout : ou l'objection du canon est de mauvaise foi, ou l'on n'a jamais compris la premiere & la grande propriété de l'ordre plein, dont l'indépendance est telle, que jamais il ne doit, ni ne peut être forcé au moindre intervalle d'inaction. Retraçons un moment l'exécution propre de cette ordonnance.

La colonne, par la nature de sa constitution, ne se met jamais à la portée du feu de l'ennemi, que pour l'objet décidé d'une charge résolue : elle le fait ; il n'y a point à hésiter ni à balancer ; telle est sa destination primitive. Cela posé, nous serons bie -tôt en état de calculer des effets.

On pourra compter pour nuls tous les coups tirés au-delà de la portée de quatre cents toises ; d'autant plus que, dans ce mouvement d'une attaque vive, & souvent imprévue pour l'ennemi, on peut bien supposer, ou qu'il n'auroit pas toujours le boute-feu à la main, ou que les colonnes pourront lui être quelquefois dérobées, ou plutôt que son étonnement rendroit ses coups bien mal assurés au-de-là de cette portée. L'on doit comprendre, d'ailleurs, combien il est facile de manier nos colonnes, & de se rendre maître de leurs mouvements; comme elles dépendent infiniment moins que les lignes, de l'incertitude locale, le Chef les tient à la main; (suivant l'heureuse expression de l'Auteur de l'essai) il suspend ou précipite à son gré leur action, & il ne les lâche dessus, s'il est permis de s'exprimer ainsi, pour arriver à la portée du feu de l'ennemi, qu'au moment où il s'est assuré que rien ne pourra languir dans l'action de charge, & que les mesures en sont entiérement achevées. Nous faisons abstraction ici de plusieurs objets accessoires; nous y reviendrons ensuite.

La charge n'est donc ici qu'une continuité du mouvement imprimé à nos colonnes, avant qu'elles soient à la portée du feu de l'artillerie ennemie; c'est-à-dire, à la distance de quatre cents toises, à laquelle commence son effet. Nos colonnes, qui ont pu arriver à cette distance au pas ordinaire, prennent ici le pas doublé; elles le continuent trois minutes, pendant lesquelles elles franchissent aisément deux cents toises; leur mouvement a dû s'accélérer naturellement; elles prennent le pas triplé, par lequel elles franchissent encore cent toises en une minute; reste donc encore cent toises à parcourir avant d'aborder. A cette distance, l'ennemi étonné, flottant, *ne voyant plus que par les yeux du corps, attribue gain de cause à la troupe, qui lui paroît la plus épaisse, & qui rassemble le plus d'hommes sur le même point.* On peut croire du moins que les effets de l'artillerie deviendroient toujours plus incertains. Les colonnes continuent le pas triplé, elles achevent leur carriere, elles enfoncent, elles percent, & la Cavalerie de nos intervalles, qui a toujours conſervé la meſure en arriere, accourt, profite du déſordre de la ligne, l'acheve, en augmente les ruptures, & en diſſipe les reſtes.

Telle eſt l'idée vraie, & non exagérée que l'on doit prendre d'une charge en colonne. Or, je demande enfin, où ſeront donc les grandes pertes, que l'on veut ſuppoſer que l'artillerie cauſera ſur nos colonnes, pendant l'eſpace de quatre minutes? Si vous comparez de bonne foi ces pertes, (que j'avoue être très-réelles, n'en coûta-t-il qu'un ſeul homme) à celles de nos affaires de pied ferme, qui durent quatre, cinq, ſix heures, & plus; j'oſerois preſque, en comparaiſon, les regarder comme nulles.

Si l'on veut ſeulement faire quelqu'attention à l'effet d'une ſeule batterie d'écharpe, ſur nos lignes modernes non interrompues pendant quatre ou cinq heures, on conviendra que notre charge de quatre à cinq minutes, mettons-en dix, loin qu'elle doive redouter le feu de l'artillerie, nous découvre, au contraire, le grand & utile ſecret d'en éviter le meurtrier effet. Ajoutons à cela que les coups mal ajuſtés, par une ſuite néceſſaire d'une attaque vive & audacieuſe, tomberont autant ſur les grands intervalles, que ſur le petit eſpace occupé par le plein de nos colonnes; & il faut dire encore que, devant franchir rapidement l'eſpace, leurs poſitions changeantes à chaque inſtant, obligent le canonnier déja étonné, de pointer à chaque coup.

Toutes ces circonſtances, fort évaluées, doivent réduire les coups portans au dixieme des coups tirés. Or je demande encore, qu'eſt-ce que le dixieme des coups tirés avec précipitation, dans un moment de crise, par une artillerie, même très-nombreuse, pendant l'espace de quatre minutes ?

Voilà cependant à quoi se réduit ce grand effet destructeur, tant & si long-temps exagéré ; doit-il être compté ? Sans doute, il doit l'être ; mais pour ce qu'il est, c'est-à-dire, pour très-peu de chose.

L'objection n'est rien, moins que rien ; le plus léger examen dissipera bientôt cette fausse lueur. Peut-être seroit-elle plus spécieuse, si elle étoit autrement énoncée ; si l'on disoit, par exemple : *J'accorde que les pertes causées par l'effet de l'artillerie, seront beaucoup plus grandes dans la longue station de l'action moderne, que dans l'ordre plein qui franchit rapidement ; mais au moins ces grandes pertes, de nos fronts de bandieres, sont repandues sur le total de l'ordonnance ; ce ne sont que des pertes ; il n'en resulte pas des trouées irrémediables, elles n'anéantissent pas l'ordre constitutif du combat ; au lieu que dans l'ordre plein, si peu qu'il perde, l'ordre constitutif est detruit sans remede.* Je ne dissimule point l'objection, & je viens d'en dire peut-être plus qu'on en ait jamais dit contre la profondeur ; mais ce raisonnement spécieux ne seroit pas plus solide. Premiérement, il ne seroit pas vrai de dire que les pertes du front de bandiere n'en anéantissent pas l'ordre constitutif ; d'où vient donc cette maxime moderne, que c'est le canon qui gagne les batailles ? Maxime qui devient tous les jours plus vraie dans l'opiniâtreté inconcevable de l'ordre habituel. Or, si le canon gagne les batailles contre l'ordonnance mince, que faut-il donc de plus pour en détruire l'ordre constitutif ?

Secondement, il ne seroit pas plus vrai de dire encore que, si peu que perde la colonne, son ordre constitutif est détruit sans remede ; le remede, au contraire, eſt très-prochain ; il eſt dans la batterie même ; c'eſt-là qu'il le faut trouver. On tient déja les branches, dans l'inſtant vous allez atteindre le tronc & la racine du mal ; les têtes ſont échauffées, laiſſez-les agir ; le ſeul mouvement machinal leur fera bientôt trouver le remede d'un déſaſtre momentané, que la chaleur d'une ivreſſe guerriere ne leur a pas même permis d'appercevoir.

Il ne faut point ſe perſuader d'ailleurs que les événements de la guerre doivent dépendre de la ſupériorité du nombre, ou du total des hommes perdus : ce ſeroit en juger à-peu-près comme feroient des religieuſes.

Le ſort des batailles eſt écrit ailleurs : il faut le chercher dans le génie qui ſait prévoir les événements, & combiner des meſures ; dans le degré de confiance des troupes, & ſur-tout dans l'eſprit de leur ordonnance, ſi elle facilite leur diſpoſition, l'apropos de leurs mouvements, le choix des lieux & du moment. Il faut le chercher enfin dans l'audace obéiſſante des troupes inſtituées ſelon le caractere & le génie de leurs nations. Or il eſt aiſé de comprendre, ſi ce ſont-là les vraies cauſes du ſort des armes, qu'on peut ſuccomber avec peu de perte, & triompher avec plus de déſaſtres que n'en n'a même éprouvé le vaincu.

Que pourroit-on donc conclure de tout cela, qui ne décidât toujours en faveur de l'action de choc ? Ne ſeroit-il pas toujours vrai qu'à la guerre, comme au jeu, il faut expoſer un peu pour avoir beaucoup ? Quand je dis expoſer, ce n'eſt ni riſquer, ni haſarder.

Oui, quand les pertes de l'impulſion ſeroient auſſi déſaſtreuſes qu'on a voulu très-fauſſement le ſuppoſer, quand l'ordonnance du choc nous placeroit entre la mort & la victoire, dès qu'elle aſſureroit un avantage, il n'y auroit point à hésiter; à plus forte raison, ne faut-il point hésiter de l'admettre, si ces pertes sont illusoires, si les moyens qu'elle procure d'ailleurs sont plus simples, plus courts, plus décisifs, plus conformes à la valeur Françoise, à sa vivacité impétueuse, à son impatience naturelle, qui la rend moins propre aux affaires de pied ferme, & sur-tout si notre impulsive, devenue habituelle, tendoit à la grande épargne du sang, ce que nous croyons avoir marqué au coin de l'évidence.

Mais écoutons encore l'Auteur de l'essai, lui-même. Moins prévenu, nous ne voudrions pas d'autre juge. *Je suis*, dit-il, *plus partisan que personne de cette maniere d'attaquer, c'est celle du courage, c'est celle de la nation, c'est presque toujours celle de la victoire.* Nous passons sur cette petite affectation du mot *presque*, comme sur bien d'autres choses. Mais si cette maniere *est presque toujours celle de la victoire*, pourquoi donc n'est-elle pas primitive chez nous? Pourquoi n'entre-t-elle qu'accidentellement dans nos combinaisons, & jamais dans ses vraies propriétés? Et si vous êtes *plus partisan que personne de cette maniere d'attaquer*, il falloit donc l'appliquer, sans quoi il étoit pour le moins inutile de vous en déclarer le partisan. Mais voici le fait, c'est de votre part, ou une contradiction, ou un hommage forcé, arraché par l'évidence en dépit dela prévention.

Je vais prouver cependant, ajoutez-vous, *que l'ordre mince, à quelques occasions près, est encore le plus avantageux, & le plus favorable pour engager l'action de choc.* Oh! c'est ce que vous ne prouvez pas assurément; je renvoie à ces prétendues preuves (page 18. premiere partie.) L'on ne conçoit pas trop d'ailleurs comment l'ordre mince feroit favorable pour engager l'action de choc ; fi c'étoit pour une affaire de feu, la chofe feroit affez fimple ; mais pour engager l'action de choc, cela eft inconcevable. Cette phrafe pourroit être échappée à l'Auteur, comme quelques autres qu'il regrette fans doute.

Parmi ces prétendues preuves des propriétés de l'ordre mince pour l'action de choc, on y trouve une conclufion finguliérement appuyée ; *donc je veux qu'on fe forme fur trois.* On voit en effet que vous le voulez, & fi fortement même que rien n'eft capable de vous en détourner.

Il n'y a rien de plus établi que la formation fur trois ; mais, comme il étoit queftion de ftatuer pour l'avenir d'une maniere irrévocable, l'Auteur a dû raffembler ici toute la force des démonftrations ; c'eft auffi ce qu'il ne manque pas de faire en manifeftant fa volonté d'un ton qui pût en impofer, & ne laiffer aucun doute fur fes intentions : *donc je veux qu'on fe forme fur trois.* Puifque vous le voulez pour ordre primitif fondamental, vous reduifez donc toute action au feu ; il faut bien que vous en conveniez : en ce cas, que deviendra *l'Ordonnance du courage, celle de la nation, & presque toujours celle de la victoire ?* premiere contradiction. Mais vous avez tranché le mot ; vous le voulez, c'eft un parti pris, il eft irrévocable : voilà donc l'ordre national anéanti, il n'y a pas à en revenir. Soldats François, trop peu connus, trop peu comptés, vous êtes condamnés à combattre de loin, ou plutôt à ne jamais combattre ; vous confolerez-vous ? il faut renoncer à vos bayonnettes ; votre vivacité, votre agilité, votre courage, votre ardeur, font des défauts effentiels ; il faut les réprimer, on va les enchaîner ; c'eft le maître Auteur d'un effai qui le veut ainfi ; il faut l'en croire, d'autant plus qu'il ne vous demande, pour toute vertu militaire, qu'un peu de patience; il n'eſt queſtion que de reſter ſans mouvement pendant cinq ou ſix heures au plus, à tirer & à recevoir des coups de fuſils : & c'eſt-là ce qu'il appelle le ſublime de la tactique.

Puiſque nous en ſommes aux objections, il eſt bon d'en rapporter quelques-unes des plus fortes qui aient été imaginées contre l'ordre de profondeur.

On a dit *que la ligne mince cederoit à la force*, il a bien fallu en convenir, *mais qu'elle cerneroit la colonne, & qu'entourée de feu, elle ſeroit bien-tôt diſſipée.*

Il eſt triſte de ſe croire obligé de répondre ſérieuſement à de pareilles objections; nous tâcherons du moins de ne pas nous y arrêter long-temps.

Voilà une ligne de trente colonnes, avec les intervalles qui lui ſont propres. Vous ne voulez pas peut-être circonvaller le tout, puiſque nous pouvons toujours au moins avoir le même front que votre ligne; vous voulez donc cerner chaque colonne, on ne peut l'entendre autrement; en ce cas, voilà la bataille réduite à trente colonnes cernées, c'eſt-à-dire, à trente ruptures dans votre ligne; cela eſt bien pitoyable.

Nous demanderons, d'abord, ſi la ligne mince cernera auſſi les Eſcadrons ſatellites de chaque colonne? car l'ordonnance pleine, comportant eſſentiellement le mêlange des armes, il faut que nos adverſaires ſongent à tout : mais, pour cerner en tout, ou en partie, il faut ſans doute une augmentation de développement; ſur quoi prendrez-vous donc cette augmentation? vous avez déja exténué, pour ainſi dire, votre Ordonnance, en la tirant en longueur autant qu'elle pouvoit l'être; vous ne pouvez-donc cerner, ſans laiſſer de grandes trouées dans votre ligne ; dès-lors elle est rompue ; elle nous présente nécessairement des flancs isolés de trois hommes ; ils seront pliés dans l'instant par les Satellites. C'est tout ce que nous demandions.

Mais sans accessoires même, peut-on croire que l'ordre plein, en qui reside par excellence, force, mobilité, impulsion, peut-on croire, dis-je, qu'il resteroit sans mouvement au centre des feux d'une frêle portion circulaire à flancs abandonnés, dénués, tremblants & sans appui ? La colonne ne conserve-t-elle pas toujours son ascendant primitif ? N'a-t-elle pas toutes les directions, non-seulement par elle-même, mais encore par la plus simple division possible ? En vérité c'est trop nous arrêter.

On a dit encore, on a prétendu, *que nos colonnes irruptives ne pourroient conserver dans le mouvement de charge la plénitude qui leur est essentielle ; qu'elles marcheroient à rangs ouverts ; que dès-lors elles perdroient la solidité résultante de l'ensemble & de la masse ; que la Cavalerie pouvoit les prendre sur ce temps, par la partie foible des angles ; qu'elle pénétreroit même les rangs ouverts, & dissiperoit la cohorte en un instant.*

Si l'ordre plein étoit habituel chez nous, & que ce que l'on vient de rapporter pût arriver une seule fois, avec quelque vraisemblance nous aurions tort ; car, systême pour systême, dès que celui que l'on propose n'auroit pas l'avantage le plus évidemment démontré, il seroit plus sage de conserver l'ordre habituel avec toute la foiblesse qui lui est propre ; parce que nos ennemis, n'ayant pas une tactique supérieure, nous pourrions du moins espérer quelque égalité avec eux ; & sous ce point de vue, dès que nous voulons persister encore dans notre opiniâtre aveuglement, il faut convenir que l'Auteur de l'essai pourroit ne pas avoir fait un travail inutile, puisqu'il nous fournit des moyens pour atteindre à cette égalité. Mais pourquoi nous arrêter à cette foible égalité d'une ordonnance qui répugne au caractere national? Quoi! si l'ennemi s'avisoit d'une épée de longueur, ne pourrions nous jamais en trouver le foible, & ne saurions nous donc nous en défendre, qu'en allongeant les nôtres? je reviens à l'objection, car il ne faut rien dissimuler.

Il est vrai que nos colonnes, dont nous ne fixons point ici les proportions, ce qui doit faire l'objet d'un travail plus étendu, il est vrai, dis-je, qu'elles prendront une certaine extension dans le mouvement de charge; cet inconvénient néanmoins dans un mouvement connu, habituel, extrêmement exercé, & devenu l'objet presque unique de l'instruction, s'évanouira au point d'être à peine sensible : mais quand il le seroit plus qu'on ne peut le supposer, qu'en résulteroit-il? Nous avons pour regle invariable de faire *halte, serrez*, dès que la Cavalerie ennemie est en carriere : dira-t-on que l'exécution de ce commandement soit une combinaison bien embarrassante, longue, ou composée? rien au contraire de plus simple & de plus instantané. L'on doit sentir que, pour opérer la solidité ordinaire de nos colonnes, il ne faudra presque que le temps de ce commandement, *halte, serrez*; ainsi on pourra prendre pour regle générale que la station de nos colonnes n'aura lieu devant la Cavalerie que le plus tard possible; ce qui sera d'ailleurs sans conséquence & sans danger, parce que, dès que les Escadrons ennemis seroient entrés en carriere, il en résulteroit, au moins par partie, une discontinuité nécessaire dans l'effet de leur Artillerie; d'où il s'ensuivroit naturellement que la station momentanée de nos colonnes se feroit toujours avec sécurité.

Quant à la partie prétendue foible de nos angles,

il eſt aſſez clair qu'elle ne peut être inſultée par la Cavalerie ennemie, ſans que celle-ci ne préſente la croupe, ou, pour le moins, des flancs dénués à nos Eſcadrons ſatellites, qui ſeront toujours en meſure de profiter des faux mouvements de l'ennemi. Je dis, *faux mouvements*, parce qu'il lui eſt impoſſible d'en faire d'autres contre la diſpoſition variée & mêlangée de l'ordre de bataille en colonne.

On nous oppoſe encore une forte raiſon; c'eſt, dit-on, *l'inſtinct moutonnier*. Cela eſt bien trouvé. Que fera donc cet inſtinct moutonnier? *il fera machinalement ſerrer les rangs dans le moment du danger;* Eh! c'eſt préciſément ce que nous demandons. Mais *il fera auſſi confondre les rangs;* c'eſt ce que je nie; parce que l'ordonnance eſt de la plus grande ſimplicité, & que chacun y reconnoît ſa place; parce qu'on ménagera habituellement un léger intervalle qui les diſtinguera toujours, excepté dans le ſeul inſtant, où pour réſiſter à une charge de Cavalerie, le contact ſera général dans la colonne. Or ce contact, dans cet inſtant, ne peut nullement confondre les rangs, car les premiers & derniers rangs, ainſi que les files de flancs, ſont compoſés de bas Officiers & d'hommes d'élite; & ceux-ci, conſervant la forme conſtitutive avec la plus grande aiſance, il devient impoſſible au centre de ſe confondre. Mais à tout prendre, quand ce centre éprouveroit une preſſion un peu confuſe dans le moment de *ferme*, quelle en ſeroit la ſuite & la conſéquence? Elle ſeroit abſolument nulle; la maſſe auroit toujours rempli ſa deſtination; elle auroit réſiſté, elle reſteroit intacte; voilà notre objet, nous n'en voulons pas d'autre: la Cavalerie une fois éloignée, les rangs & les files ſe diſtendront d'eux-mêmes, & la ſimplicité de l'ordonnance leur rendra bientôt une liberté qui rétablira, dans l'inſtant même, la mobilité de la maſſe.

En

En voilà trop, sans doute, sur *l'instinct moutonnier;* les bons mots sont terribles en matieres sérieuses : peut-être feroit-on bien de les proscrire ; car enfin, où en serions-nous, si on alloit opposer la prétendue moutonnerie des colonnes à la dindonnerie des lignes?

On a pu s'étonner que nous n'ayions point employé le puissant accessoire de l'Artillerie : c'est que l'ordre fort est plus puissant encore ; il se suffit, il a pu vaincre sans lui ; il renferme en lui-même les moyens résistants comme les qualités offensives. Il ne faut pas croire cependant que nous prétendions nous priver volontairement des secours réels d'une arme supérieure : nous l'emploierons sans doute, non pas dans l'esprit de l'ordonnance moderne, qui ne peut le considérer que comme moyen principal & décisif ; mais pour ce qu'il doit être, pour préparer, appuyer, soutenir l'action principale qui doit toujours résider essentiellement dans l'exécution de l'Infanterie ; nous l'emploierons en qualité de modérateur de l'Artillerie ennemie, pour imposer d'abord à ses batteries, diviser leurs feux, en les forçant d'en multiplier les directions, ce qui rendra leurs coups plus incertains : nous l'emploierons enfin pour augmenter la confiance de nos assaillants, & les présenter à leur proie, plus resolus, plus entiers, plus intacts.

Il faudroit une discussion entiere pour bien faire connoître la facilité merveilleuse avec laquelle toutes les armes peuvent concourir à l'exécution principale dans cette ordonnance : chacune y trouve sa place sans complication & sans embarras ; toujours protégée & toujours protégeante.

Si vous considérez ensuite la disposition totale, vous y trouverez plus d'avantages encore ; le propre essentiel de la profondeur est de favoriser la dispoſition oblique; elle la demande même, & rend ſon exécution toujours ſûre & facile.

De-là, les objets ſimplifiés, les complications réduites à leurs moindres termes; & par conſéquent, toute action réduite à l'affaire de poſte. Vous y verrez des forts de bataille mouvants, dont la détermination libre vous donnera toujours le choix des points de l'ennemi, & la facilité d'y diriger l'action à volonté. Mais nous n'en ſommes pas là; nous nous bornons aujourd'hui à quelques notions générales : nous ne voudrions ſimplement que faire entrevoir ; nous ſouhaiterions ſeulement pouvoir déchirer un coin du voile épais des préjugés à la mode ; nous deſirerions ramener encore une fois l'attention du militaire ſur cet objet intéreſſant, qui ſemble condamné à l'oubli, depuis que les zélateurs Pruſſiens rempliſſent la ſcene; depuis qu'ils ont pris le parti commode de décider ſans diſcuſſion, ou de ſubſtituer des plaiſanteries aux raiſons. Nous voudrions enfin ce que nous n'obtiendrons pas de long-temps. Cependant on y viendra; nous oſons le prédire, & nos neveux diront un jour : *L'ignorance fut telle alors, que l'ordre mince fut adopté généralement en Europe.* Je m'écarte & je reviens.

Je prévois une objection ſur la poſſibilité de l'exécution de l'Artillerie, dans l'action propre à l'ordre plein. On pourroit nous dire que, de la maniere dont nous annonçons notre charge, *je ſuis venu, j'ai vu, j'ai vaincu*, qui eſt l'image vraie de ce qu'elle doit être, *nous ne trouverions pas l'inſtant de placer nos batteries, à moins que nos colonnes ne reſtaſſent en panne quelques inſtants, pour en protéger l'établiſſement, ce qui les expoſeroit au feu de l'Artillerie ennemie, & leur ôteroit les qualités d'accélération non-interrompue que nous leur attribuons.*

Cette objection ſeroit bonne, ſi l'on ſuppoſoit nos

çoient le combat par une nuée de fleches & de javelots, & fondoient incontinent sur l'ennemi avec une impétuosité à laquelle on résistoit difficilement. Qu'eût-ce donc été s'ils avoient eu en opposition des ordres minces déployés ?

On observera que, dans le mouvement de charge que nous avons indiqué, il n'y a ni perte de temps, ni la moindre discontinuité de mouvement; qu'il y a unité d'objet, concours & harmonie des parties; & que la simplicité, la rapidité, l'ensemble, l'amalgame des armes, & la force se trouvent réunis au suprême dégré. Quel en sera l'effet ? je le demande aux plus prévenus.

Il ne faut pas croire que ce déploiement qui précede l'action des colonnes, doive exiger des forces supérieures en nombre; notre ordonnance, au contraire, sera celle où l'on ne comptera jamais les forces de l'ennemi; d'ailleurs, ce déploiement préparatoire de l'Infanterie légere, ne doit pas, à beaucoup près, prendre l'étendue du front de l'ennemi; il ne doit pas être tellement continu, qu'il n'y ait souvent de grands intervalles, suivant les circonstances locales. Il devra refuser dans la plus grande étendue du front; peut-être même ne devra-t-il point paroître sur le vrai point où doit tomber l'action principale. Nous ferons connoître aussi ce que l'on doit penser sur notre usage constant des secondes lignes; & en résumant enfin tous les avantages qui résulteroient de l'ordre de profondeur bien combiné, bien adapté au caractere national, on pourra se convaincre que ce n'est que par lui seul que l'on obtiendra les petites armées capables de grandes choses.

Il est vrai que l'Auteur de l'essai ne croit pas au caractere des Nations; *leurs traits sont effacés par la similitude de leurs principes, par les mœurs, la politique, les lettres, les voyages, &c.* Il a lâché la phrafe Philofophique, & cela lui fuffit.

On peut croire en effet que l'extérieur des Nations a pu changer, comme elles ont changé d'habits & de manieres ; à peine reconnoîtrez-vous aujourd'hui un Anglois dans le monde ; il a pris l'Écorce Françoife ; il a même redoublé les couches du vernis dont il s'eft enveloppé, au point d'être prefque méconnoiffable ; mais ce n'eft point à la promenade qu'il faut juger du caractere des Nations. Le grand effayeur a-t-il pu fe tromper à cette fauffe apparence ? j'en appelle à tous ceux qui ont pu vivre quelque temps avec ces étrangers ; un Anglois n'eft-il pas toujours Anglois ? n'eft-ce pas cet homme froid, penfif, généreux, mélancolique, patient, fombre dans fon courage, inflexible dans fa haine nationale ? N'eft ce pas toujours le même Anglois d'Azincourt & de Crecy ? & n'eft-ce pas enfin le même homme, très-propre aux affaires de feu ; mais qui cede, en s'indignant contre l'arme blanche, au point de la croire prefque contre le droit des gens ? fur ce dernier trait j'en appelle encore aux François de St-Caft.

Il eft étonnant que l'Auteur, qui fait tout cela mieux que moi, n'ait pas voulu voir que tout ce qui tient au caractere prend fa fource dans le Phyfique du climat ; que les différences en font moins notables fous les Zones voifines, mais qu'elles exiftent inconteftablement ; que les traits en font ineffaçables ; qu'ils font profondément gravés par l'influence irréfiftible de la nature, & qu'ils ne peuvent pas plus varier que l'inclinaifon des rayons folaires.

On convient bien qu'un peuple peut s'amollir ; mais dans l'affoibliffement même de fon caractere, vous retrouverez les mêmes nuances, c'eft-à-dire, que vous reconnoîtrez un Anglois au genre du courage froid & tranquile ; que le François auroit beau s'amollir, vous le verrez toujours préférer l'impétuosité de la charge, & l'on peut croire que le Russe inébranlable aux affaires de pied ferme, éprouvera bien des dégradations de caractere, ou des accroissements de courage, avant de devenir impulsif à la guerre.

L'Auteur de l'essai ajoute ici à ses erreurs son inattention ordinaire : on a vu ce qu'il a dit sur la prétendue similitude des Nations ; c'est qu'il avoit besoin de la supposer pour amener son ordre mince, & justifier son imitation ; mais il avoit malheureusement oublié sa belle tirade, où il dit précisément tout le contraire : la voici en propres termes.

Le Philosophe sera-t-il plus satisfait, quand il jettera les yeux sur l'Europe militaire ? il y verra toutes les constitutions servilement calquées les unes sur les autres ; les peuples du midi ayant la même discipline que ceux du nord ; le génie des Nations en contradiction avec leur milice ; il pourroit encore ajouter : *L'Auteur d'un essai général, soit disant régénérateur de sa Nation, en contradiction avec lui-même :* qui ne croiroit après cela que l'Auteur va s'occuper d'une constitution nationale ? point du tout, c'est à présent la similitude des Nations qui les oblige à se copier servilement. Cependant c'est encore le Philosophe, *qui admirera le génie du Roi de Prusse ; l'essor momentané qu'il a donné à sa nation ; mais il se demandera où est une milice constituée sur des principes solides ?* Oui sans doute, il le demandera ; nous vous le demandons à vous-même, qu'aurez-vous à répondre ?

Il seroit bien injuste, assurément, d'accuser l'Auteur d'ignorance ; il a opéré avec la plus grande connoissance ; il a très-bien *calqué servilement une discipline du Nord*, & il a supérieurement réussi à mettre *le génie des nations en contradiction avec leur milice.*

Au reste, il faut convenir que les principes établis dans l'essai général de tactique, pour ce que l'Auteur appelle marche-manœuvre, qui doivent précéder l'action, ne sont pas propriété ; tous les moyens nous y paroissent assez bien préparés ; nous croyons même qu'ils pourroient être applicables à l'Ordonnance Françoise : quand je dis applicables, cela ne peut s'entendre qu'en substance ; car il doit y avoir bien des modifications propres à notre ordonnance. Il ne faudroit pas imaginer, par exemple, que nous voulussions former une attaque avec les longues têtes isolées de ses colonnes-manœuvres, qui n'ont aucune propriété d'action ; mais nous reconnoissons d'ailleurs que ses marches sont parfaitement ordonnées ; que le guide en peut régler les mouvements à volonté ; qu'il conserve la mesure sur l'ensemble, & que toutes les parties semblent presque disposées à lancer ; ou du moins, qu'en conservant ce même ordre de marche, on prépareroit une irruption victorieuse par les plus simples mouvements.

Mais quoi ! ce grand préparatoire est vain ! *déployez* ; le mot fatal est lâché. Dès-lors, plus de forces totales, plus de forces individuelles, plus d'harmonie, plus de cette énergie qui alloit donner la victoire ; le guide abandonne les rênes, elles lui échappent des mains ; plus de mouvements, plus de manœuvres, plus d'ensemble, plus de vraie charge à espérer, & partant plus de François : ce n'est plus que vuide, foiblesse, & grand danger à la confusion.

Quel seroit donc le malheur de la France, si le germe précieux de sa grandeur future restoit encore long-temps étouffé, & si les palmes qu'il doit produire un jour n'étoient réservées qu'à nos derniers neveux ?

Force d'instinct.

1°. Il y a une chose à remarquer, & qui n'est pas la moindre de nos contradictions ; c'est que nous croyons généralement l'ordre de profondeur, propre aux attaques des retranchements & des postes circonscrits ; on le pratique même, mais très-imparfaitement ; parce que l'ordonnance profonde, à peine connue, à peine exercée, n'étant alors qu'accidentelle, sans proportions quelconques, sans regles fixes, & manquant d'ailleurs d'une certaine addition dans l'armement, que nous croyons devoir convenir à sa destination, elle n'a presqu'aucune des qualités qui lui sont propres, & très-peu des propriétés dont elle est susceptible ; n'importe cependant, on les pratique, & même avec très-grand succès.

Je demande l'explication de cette énigme? je me flatterai d'autant moins de la donner, qu'un certain usage nous défend de dire, que cela n'a pas le sens commun.

Quoi! vous convenez de la nécessité de concentrer vos forces, pour l'attaque d'un poste ou d'un retranchement ; vous sentez dans ce cas le néant & la foiblesse de l'ordonnance déployée, & vous n'ouvrez pas les yeux! mais vous savez que qui peut le plus, peut le moins ; ainsi, puisque vous prenez la profondeur pour vaincre les obstacles de l'art & de la nature, réunis aux feux nourris & croisés d'artillerie & de mousqueterie, d'un retranchement bien ou mal disposé, à plus forte raison, devez vous la prendre aussi, lorsque ces obstacles se réduisent aux feux seulement d'une ligne foible, immobile & découverte ; d'autant plus que les feux de cette ligne seront toujours moins sûrs, moins préparés, moins dirigés, moins mesurés, que ne peuvent être ceux d'un retranchement.

Ne dites pas *que vous prenez dans ce cas l'ordre de profondeur, parce que vous n'avez point de Cavalerie à craindre vis-à-vis d'un retranchement ;* car, ſi vous en pouviez craindre, ce ſeroit une raiſon de plus pour vous de prendre de la profondeur, afin de pouvoir préſenter à cette Cavalerie des flancs ſoutenables. Il eſt très poſſible, d'ailleurs, que l'on puiſſe craindre de la Cavalerie vis-à-vis d'un retranchement.

Ne dites pas non plus *que vous prenez dans ce cas de la profondeur, afin de rétrecir vos fronts, & cheminer en sûreté ſur des ſaillants dénués de feux ;* cela ſeroit ridicule. Les ſaillants d'un retranchement ne fourniſſent point, à la vérité, de feux de mouſqueterie directs, mais loin d'en être dénués, ils reçoivent au contraire les feux croiſés des flancs collatéraux dont l'effet eſt plus que double de celui des feux directs ; & ces mêmes ſaillants ſont ſoutenus puiſſamment encore par les feux directs des batteries à barbette. Il eſt bien vrai que c'eſt la partie foible d'un retranchement, mais pour être la plus foible, il s'en faut de beaucoup qu'elle ſoit pour cela dénuée de feux.

Convenez-donc que vous avez pris dans ce cas l'ordre plein, parce que vous avez ſenti machinalement qu'il falloit une force réelle contre des obſtacles réunis ; & ſentez de même enfin que, ſi les obſtacles diminuent, l'ordonnance pleine, mobile & forte n'en ſera que plus aſſurée de la victoire.

Mais dites-nous quelle raiſon, quel prétexte auriez-vous de diminuer vos moyens offenſifs, à meſure que l'ennemi diminueroit ſes moyens défenſifs? ſi vous avez pu le vaincre couvert d'une cuiraſſe, à plus forte raiſon le vaincrez-vous s'il s'en dépouille : s'il eſt derriere des retranchements, vous prenez ſagement de la profondeur, ſans doute pour avoir plus de force & d'action ; eh! quoi, parce qu'il ſortiroit de ſes retranchements, vous abandonneriez cette force & cette action, pour descendre au niveau de l'ennemi en retombant dans votre foiblesse ordinaire ! s'il se renforce, vous vous renforcez ; mais s'il veut s'affoiblir, est-ce une raison qui vous autorise à vous affoiblir ? êtes-vous donc aux ordres de l'ennemi ? feriez-vous mieux enfin, s'il falloit obéir à sa loi ?

Nous dirons encore plus, c'est que dans l'attaque d'un retranchement (qui est le cas où vous prenez de la profondeur) c'est précisement le seul peut-être où elle pourroit avoir le plus d'inconvénients, à cause du meurtrier effet des feux croisés de mousqueterie, à cause de la direction préparée de l'artillerie, de la fréquence & de la justesse de ses coups ; (avantages que ne peut avoir au même point une ligne de bataille) & à cause encore de la nullité de l'artillerie assaillante : en sorte que nous croirions devoir même proposer une préparation particuliere pour employer nos colonnes dans ce cas, avec leur avantage ordinaire. Vous pouvez juger vous-même à présent de la justesse de vos mesures. Tout autre que le grand Auteur de l'essai seroit accusé ici d'inconséquence, mais pour lui les choses changent de nom, son éloquence nous en impose.

2°. Est-il question de retirer de l'Infanterie environnée d'ennemis supérieurs, par un terrein ouvert qui ne fournit aucun appui naturel ? ajoutons que l'ennemi, à l'avantage du nombre, y joint celui de la réunion des armes ; que ferez-vous ? vous n'hésitez pas ; par instinct machinal ou autrement, vous prenez l'ordre qui réunit les propriétés de la solidité, de la consistance & de la mobilité ; vous prenez, en un mot, l'ordre de profondeur, quoique très-imparfaitement ; cependant il a pu vous tirer de ce cas épineux.

Quoi donc ! le seul ordre qui ait pu convenir dans une circonstance aussi critique, aussi évidemment désavantageuse, n'est pas habituel chez nous ? Il n'eſt pas l'ordre primordial, fondamental ?... Que dire ?

3°. Un gros d'Infanterie ſe trouve abandonné dans un poſte ; il eſt coupé & ſéparé du reſte ; il eſt queſtion de le ſauver. Quel parti prenez-vous ? Vous n'en n'avez pas deux, vous ne conſultez pas, vous ne calculez même ni la diſpoſition de l'ennemi, ni la ſupériorité de ſes forces, ni l'eſpece de ſes armes ; vous prenez encore très-machinalement l'ordre de profondeur ; lui ſeul peut vous promettre aſſez d'impulſion pour percer ; lui ſeul, après avoir percé, peut vous promettre aſſez de ſolidité & de conſiſtance pour réſiſter à la Cavalerie ; lui ſeul enfin peut vous donner aſſez de mobilité pour rejoindre & franchir l'intervalle, qui n'a guere, vous ſéparoit.

Il faut remarquer de plus que ce glorieux effort d'Infanterie, toujours poſſible, ſeroit ſeul capable, (s'il étoit prévu & concerté) de ramener l'affaire la plus déſeſpérée. Eſt-il donc concevable, encore un coup, qu'il exiſte un ordre par lequel une poignée d'Infanterie abandonnée, & ſans aucun ſecours acceſſoire, ait pu prendre à ce point le ton offenſif, & que cet ordre ne ſoit point la baſe primitive de la conſtitution de notre tactique ? qu'il ne ſoit qu'accidentel ? que le haſard ſeul en détermine imparfaitement l'emploi ? qu'on ne ſe ſoit pas uniquement appliqué à en eſſayer les forces ? Où en ſommes-nous donc ? Rien de tout cela ; cet ordre eſt dedaigné : on ignore encore les vraies proportions qui peuvent le rendre applicable à toutes les circonſtances de la guerre ; à peine eſt-il aujourd'hui la reſſource de l'honneur, ou de l'inſtinct du déſeſpoir qui le réclament en aveugles. Enfin il n'eſt guere connu que par le ridicule dont on a chargé ceux qui l'ont apperçu ; mais, pour dire encore plus, l'Auteur de l'eſſai le mépriſe, & l'on va voir comment.

Notes Analytiques.

Oserions-nous hasarder encore quelques observations sur les maximes établies par l'Auteur de l'essai général? écoutons-le.

Une armée rangée dans l'ordonnance actuelle, ne peut se mouvoir, & à plus forte raison, exécuter une marche en ligne; car l'étendue de son front rendroit ses mouvements si lourds & si lents, qu'ils seroient impraticables. Dans ce cas, lui dirons-nous, ayez donc un ordre qui vous permette le mouvement, puisque ceux de l'ordonnance actuelle (vous n'en proposez point d'autres) sont si lourds & si lents, qu'ils sont impraticables.

Si les troupes, dit-il ailleurs, *sont braves & guerrieres, habiles à manœuvrer on peut plus oser, on peut hasarder de les déployer plus près de l'ennemi.* Il est donc vrai que l'on hasarde à déployer près de l'ennemi : en ce cas, pour ne rien hasarder, il faut déployer de plus loin & marcher en ligne; mais alors, selon vous-même, les mouvements *sont lourds & impraticables*; prenez donc un parti : il en est un certain, pourquoi fermer les yeux? *Il ne faut pas*, dit-il encore, *déployer à des distances trop éloignées, parce qu'alors on perd l'avantage de se remuer en colonne; ce qui est bien plus rapide & bien plus facile que de se remuer en ligne.* Pourquoi donc n'avez-vous pas un ordre primitif & habituel, par lequel vous puissiez conserver la faculté de vous remuer? pourquoi hasarder un déploiement, dès que la colonne active & manœuvriere vous présente l'avantage de ne rien hasarder?

Il est vrai que ce que l'Auteur entend ici par *colonne*, ce n'est pas dans le sens que nous attachons à nos colonnes de charge; il veut parler des colonnes-manœuvres qui n'ont pas les propriétés de l'action principale : mais la contradiction n'en est que plus marquée, puiſque nos colonnes d'action ont en même temps toutes les propriétés des colonnes-manœuvres.

L'Auteur annonce des marches-manœuvres faites à portée de l'ennemi, dans l'objet de prendre, s'il eſt beſoin, un ordre de bataille. *Eſpece de marche*, continue-t-il, *qui eſt la préparation à la plus grande opération militaire qu'il y ait.* Et qu'eſt-ce que cette grande opération? C'eſt un déploiement qui, ſelon lui-même, eſt un mouvement délicat *qu'il ne faut pas haſarder de trop près.* Encore une fois prenez donc un parti conſéquent à vos maximes.

Au reſte, ſi nous pouvions prendre quelque intérêt à vos ordres minces, nous vous inviterions, du moins, *pour ne pas tant haſarder*, à déployer toujours en avant, en prenant la tête de vos colonnes pour point de hauteur du déploiement; & nous vous engagerions ſur-tout à ne jamais déployer ſur le centre, & encore moins en arriere, en prenant la derniere diviſion de vos colonnes pour point de hauteur.

Je ne ſache aucun prétexte qui puiſſe juſtifier la fauſſeté de ce déploiement rétrograde, puiſque la premiere diviſion de chaque colonne peut toujours ſervir à déterminer la hauteur du déploiement en avant: c'eſt-à-dire, que la tête de chaque colonne peut toujours être la droite, ou la gauche, ou le centre du déploiement en avant, ſuivant l'intention que l'on peut avoir; au moyen de quoi vous n'auriez point ce reculement à faire devant l'ennemi, qui eſt une eſpece de croulement de partie, contraire à toute vue militaire.

Vous devez bien ſentir, en effet, que, puiſque, ſelon vous, *il eſt dangereux de déployer trop près de l'ennemi*, il le ſeroit bien davantage d'avancer d'abord vos longues têtes de colonnes ſur l'ennemi, pour les effacer enſuite par des mouvements composés, rétrogrades, extrêmement hasardeux, & qui d'ailleurs vous éloignent de l'objet; ce qui est l'opposé des premieres notions de l'art : c'est une attention essentielle que vous auriez pu faire pour vous mettre au moins d'accord avec vos foibles principes.

Discussion particuliere.

Peut-être sera-t-il intéressant de juger des preuves que l'on a employées pour fixer l'ordonnance mince; de faire voir par quels raisonnements l'Auteur s'est déterminé à l'admettre; par quelle force de dialectique il s'est flatté de la rendre habituelle, exclusive & perpétuelle.

Voici ses preuves, elles sont très-remarquables.

1°. *L'Infanterie étant propre à l'action de feu & à l'action de choc, il lui faut une ordonnance qui lui permette l'usage de ces deux propriétés.*

Il seroit bien à souhaiter en effet que la même ordonnance pût réunir l'usage des deux propriétés.

2°. *Et au cas*, continue l'Auteur, *que la même ordonnance ne puisse servir pour les deux objets, il faut que, de celle qui sera jugée devoir être l'ordonnance habituelle & primitive, elle puisse facilement & promptement passer à l'ordonnance accidentelle & momentanée, qui remplira le second objet.*

L'Auteur croit à présent que les deux propriétés sont distinctes, & que la même ordonnance ne peut y satisfaire.

3°. *Mais laquelle sera l'ordonnance primitive & habituelle, l'ordonnance du feu, ou celle du choc? c'est une question qui mérite d'être discutée avec quelques détails, & examinée avec l'attention la plus réflechie.*

Certainement cette question mérite d'être approfondie ; voyons donc cette discussion réfléchie : La voici.

4°. *Avant d'être à portée d'aborder l'ennemi il faut se mettre en bataille, il faut arriver à lui, il faut ne pas être détruit, ou mis en désordre par l'effet de son feu ; il faut lui faire craindre du feu à son tour ; donc il est nécessaire que l'ordonnance primitive & habituelle soit l'ordonnance propre au feu, c'est-à-dire, l'ordre mince.*

Voilà en quoi consiste cette profonde discussion & le résultat de l'attention la plus réfléchie.

Il seroit bien long & bien inutile de nous arrêter trop long-temps à analyser cette prétendue démonstration de l'ordre mince ; ce ne sera que par la suite de nos observations qu'on en approfondira la valeur. Nous n'avons, quant à présent, que quelques observations à y faire. Nous dirons d'abord que la preuve seroit très-admissible, si l'Auteur s'étoit mis quelquefois en état d'aborder l'ennemi ; c'est ce que nous examinerons plus particuliérement. Mais, en partant de ces principes, il n'y a personne qui ne pense que l'Auteur va proposer ou une ordonnance simple, propre au double objet des deux propriétés, ou une ordonnance composée susceptible de passer d'une propriété à l'autre. Croira-t-on que ce n'est ni l'une ni l'autre ? rien n'est pourtant plus positif.

Premiérement, l'Ordonnance mince ne réunit point les deux propriétés, puisque l'Auteur distingue essentiellement celle du feu, de celle du choc ; si bien qu'il se croit même obligé d'opter entre les deux, & il se détermine pour la propriété du feu ; d'où il suit évidemment que l'Auteur ne pense pas que l'ordre mince soit capable de choc.

En second lieu, il est notoire que l'Auteur n'a jamais eu l'intention de passer successivement d'une propriété à l'autre en présence de l'ennemi : car s'il eût eu cette idée, il n'eût présenté l'ordre mince que comme un préparatoire du choc, ce qu'il n'a jamais exécuté dans aucuns de ses mouvements de bataille, où il n'est question au contraire que des charges de ligne.

Il est donc évident, par le fait même de ces preuves, que l'Auteur n'attribue à son ordre mince, ni la faculté réunie du feu & du choc, ni l'intention de le faire passer d'une propriété à l'autre ; d'où il suit que le vrai sens du texte en contredit formellement les conséquences.

C'est ainsi que l'Auteur croit avoir déterminé l'ordonnance fondamentale habituelle.

Voici une suite de preuves plus extraordinaires.

5°. *La multiplicité de l'artillerie, la science du choix des postes, celle des retranchements ont rendu aujourd'hui les actions de choc infiniment rares ; donc celles de feu étant plus communes, c'est une raison de plus pour que l'ordonnance propre au feu soit l'ordonnance primitive & habituelle.*

Il y a dans ce raisonnement quelque chose de plus que *des erreurs spécieuses.*

Il faut faire attention à ce passage essentiel, d'après lequel l'Auteur a déterminé, sans hésiter, l'ordre mince pour ordre primitif & habituel. C'est *à cause de la science du choix des postes & celle des retranchements*, qui sont précisément les mêmes occasions où l'Auteur admet la colonne comme moyen supérieur d'attaque : en sorte qu'il résulteroit de ce raisonnement, qu'il faut prendre l'ordre mince, parce que l'ordre plein lui est supérieur pour l'attaque des retranchements & des postes dont l'usage est devenu plus commun.

C'est

C'eſt par la force de ces raiſonnements que l'on penſe avoir ſtatué ſur les deſtinées de l'univers ; ce n'eſt pas trop dire, le ſort des Nations peut dépendre en effet des conſtitutions de Tactique. Il vient donc d'être réglé : & l'on a vu comment.

Mais ne nous tromperions nous point ? ce paſſage préſente ſans doute un autre ſens ; il faut le prendre. *C'eſt la ſcience du choix des poſtes & celle des retranchements qui ont rendu les actions de choc infiniment rares.* Cela ne ſeroit pas plus juſte ; ce ſeroit rentrer dans la même idée, parce qu'il eſt évident que plus la ſcience aura multiplié les obſtacles que l'on peut tirer des poſtes & des retranchements, plus il ſera néceſſaire d'employer fréquemment l'action de choc, pour forcer ces obſtacles devenus plus communs ; & plus il deviendra utile par conſéquent, d'avoir un ordre habituel propre à l'action de choc, devenue plus commune. Il réſulte donc toujours de votre raiſonnement, préciſément le contraire de ce que vous en concluez.

Ce n'eſt pas cela encore, il y a sûrement un autre ſens ; cherchons-le : *La ſcience du choix des poſtes & celle des retranchements ont rendu les actions de choc infiniment rares, donc celles de feu ſont devenues plus communes.*

Il paroîtroit, en vérité, que l'on auroit affecté des raiſonnements minces, pour prouver l'ordre mince : il eſt difficile d'imaginer en effet comment les poſtes & les retranchements, s'étant multipliés, il en réſulteroit que l'action propre à leur attaque ſeroit devenue plus rare ; il ſemble, au contraire, que plus il y aura d'obſtacles de l'art, plus l'action de choc deviendra commune ; & celle de feu, par une ſuite néceſſaire, deviendroit plus rare, puiſque, ſelon vous-même, l'action de feu ne convient point lorſqu'il eſt queſtion d'enlever des poſtes ou des retranchements.

Il pourroit se faire qu'il n'y eût ici que de l'incorrection dans le texte : l'Auteur n'entend peut-être point parler des assaillants ; car, puisqu'il propose l'ordonnance propre au feu, il faut que ce soit sans doute pour ceux qui destinés à soutenir les postes & les retranchements, doivent en effet employer le feu. Si c'étoit-là son idée, elle seroit bien extraordinaire, & l'on auroit lieu de s'étonner qu'il eût proposé l'ordre mince habituel, afin de rendre l'Infanterie plus propre à garnir des retranchements, ou à développer des postes : mais l'on devroit s'étonner encore plus, qu'il eût voulu établir l'ordonnance primitive dans un esprit purement défensif. Nous ne lui ferons sûrement pas le tort de penser, qu'avec l'intention de régénérer la nation Françoise, il ait eu de si pitoyables vues.

Il est donc vrai que, de quelque façon qu'on le retourne, le grand raisonnement démonstratif de l'ordre mince prouve exactement le contraire de ce qu'on a prétendu en induire.

Voilà cependant le principe de la puissante fusillerie moderne ; il est renfermé dans les cinq paragraphes précédents : telle est la base sur laquelle repose tout l'édifice de l'ordre mince ; l'appui n'est pas fort assurément, mais il est proportionné au vuide de l'ordonnance. Il faut convenir que nos destinées militaires sont dirigées par une influence cruellement ennemie.

Suite des notes.

Il ne sera pas inutile de rapporter encore quelques passages de l'Auteur de l'essai : s'il n'instruit pas à tout moment, du moins il intéresse toujours, & c'est beaucoup.

Peut-être, dit-il, (en parlant de Gustave & de Nassau) *admirateurs outrés des anciens, en applique-*

rent-ils trop servilement les principes au temps où ils vecurent, & aux armes en usage alors.

Nous demanderons si Gustave & Nassau se sont mal trouvés de l'ordre de profondeur qu'ils avoient pris des anciens ? eh ! s'ils ont fait la gloire de leur temps, pourquoi donc leur reprocher d'avoir trop servilement appliqué des principes auxquels ils durent leurs succès ? Que de contradictions ! en voici d'autres.

Peut-être, continue l'Auteur, *retarderent-ils par-là nos progrès, parce que leur autorité fut long-temps décisive pour le siecle suivant, parce qu'elle soutint long-temps le préjugé des piques & de l'ordre de profondeur.*

Sans doute leur autorité fut décisive, parce qu'elle devoit l'être, & que l'on en pouvoit sainement juger par des succès soutenus. Le préjugé de l'ordre de profondeur (puisqu'il vous plaît de l'appeller ainsi) étoit donc au moins une heureuse erreur ; elle donnoit la victoire, que falloit-il de plus ? Eh quoi ! vous accusez Gustave & Nassau d'avoir retardé nos progrès ! Quels sont donc nos progrès ? Faisons comme eux, Monsieur, nous pourrons alors parler de nos progrès.

Suivons encore l'Auteur : *Mais ce qu'il y a de certain du moins, c'est que, sous eux, l'Art militaire reprit naissance, & que l'Europe étonnée dut crier au miracle, quand elle vit les troupes, le camp & les succès de Gustave.* Ceci est remarquable ; l'Art militaire a donc repris naissance avec l'ordre de profondeur. Eh ! comment ne vous êtes-vous pas avisé du noble desir de faire crier encore l'Europe au miracle, en vous rapprochant de la constitution de Gustave, ou de celle des anciens ? ce grand dessein eût été digne de votre émulation & de vos talents, & l'Europe eût pu crier encore une fois au miracle, au lieu de crier miſere, à la vue de l'inſipide froideur de l'action moderne, & de l'inextricable peſanteur de vos ordres minces.

Après la mort de Guſtave, continue l'Auteur, *Bannier, Gaſſion, Veimar, Turenne, Montécuculi, combattirent d'après ſes principes; ce fut le temps des grands Generaux, commandants de petites Armées, & faiſant de grandes choſes.*

Il fut un temps où l'on faiſoit de grandes choſes avec de petites Armées; quel fut ce temps, s'il vous plaît? c'eſt celui-là même, où, admirateurs outrés des anciens, les plus grands Capitaines ſoutenoient le préjugé de la profondeur. Cependant cet heureux temps n'eſt plus : quel en eſt donc la cauſe? il falloit rechercher, au moins, par quels ſecrets reſſorts ils faiſoient de ſi grandes choſes avec de petites Armées; n'étoit-ce point la ſuite d'une conſtitution particuliere? n'étoit-ce point un effet néceſſaire, d'une plus grande ſimplicité dans l'organiſation de leur tactique, ou d'une certaine combinaiſon dans l'ordonnance des troupes, dont la liberté & l'indépendance facilitoit l'exécution de tous les mouvements, & laiſſoit toujours à ces grands hommes la faculté d'en diriger l'action à volonté? n'étoit-ce point enfin cette même profondeur, l'objet de vos mépris, qui leur donnoit à un ſi haut degré la puiſſance, de choiſir les lieux & le moment, & de maîtriſer les haſards?

C'étoit-là, n'en doutez pas, le vrai pivot de leur ſupériorité, & le mobile principal de ces grandes choſes. Vous n'en voyez plus aujourd'hui; vous vous en plaignez : donnez-vousdonc la peine d'en démêler les cauſes; vous les trouverez infailliblement dans votre molle & lourde ordonnance déployée, dont peu de mains ſont capables de ſoutenir le poids. Ne convenez-vous pas vous-même que vos mouvements de ligne ſont impraticables? Votre prévention n'eſt donc plus excuſable.

L'Auteur de l'essai est trop attachant ; on ne peut se résoudre à le quitter ; suivons encore la même période. *Mais la tactique resta dans l'enfance : il sembloit qu'on n'osoit perdre de vue les premieres institutions. On craignit de s'égarer en s'écartant de l'ordonnance des anciens. On conserva les piques, on continua de croire que la force de l'Infanterie consistoit dans la densité de son ordre & dans son impulsion.*

L'ordonnance, en usage alors, n'étoit pas, à la vérité, ce qu'elle pouvoit être dans l'esprit même de l'ordre plein ; mais observez que cette ordonnance, toute imparfaite qu'elle étoit, ne laissoit pas d'être mobile, forte, active, capable d'impulsion & de choc, & sur-tout que l'on faisoit de grandes choses avec de petites Armées ; il étoit donc très-naturel que l'on continuât de croire que la force de l'Infanterie consistoit dans sa densité & son impulsion, puisque des succès soutenus entretenoient cet heureux préjugé.

Mais ce que vous devez remarquer particuliérement, c'est qu'un grand Capitaine alors ne cessoit jamais d'être lui-même, indépendamment des circonstances : il pouvoit du moins calculer des effets vraisemblables ; il pouvoit encore ordonner aux événements. Mais aujourd'hui, qu'est-ce qu'un grand homme de guerre ? c'est un malheureux dont la fortune tient à l'instabilité de trois moyens dispersés, démembrés, &, pour ainsi dire, dissous dans l'alongement d'une ordonnance immaniable. Sa réputation semble être enchaînée à l'inertie nécessaire d'une tactique surchargée de son propre poids, & de toutes les fautes particulieres qui peuvent s'y commettre. Oui, le Roi de Prusse lui-même, malgré ses talents, son génie & ses succès, en fourniroit plus de preuves qu'il n'a fait de campagnes, s'il n'eût été constamment favorisé par le défaut de concert de ses rivaux ;

il eſt vraiſemblable d'ailleurs que ſa fortune, quelquefois, a dû l'étonner lui-même. On le répete encore, le plus grand Capitaine du ſiecle ne peut ceſſer un moment d'être le jouet des haſards, parce que ſes ſuccès ſont liés invinciblement à mille petites circonſtances, qu'il lui eſt impoſſible de prévoir & de gouverner dans la conſtitution propre & néceſſaire de l'action moderne, dont la décompoſition eſt telle que le chef eſt forcé d'en abandonner les rênes.

Mais n'eſt-il pas curieux que l'Auteur, après avoir parlé du temps heureux des grandes choſes avec de petites armées, ſe plaigne de la tactique qui reſta, dit-il, *dans l'enfance?* ſans doute il attache un ſens bien ſingulier à ce mot de *tactique:* n'eſt-ce pas l'art de manier des troupes pour les mener plus sûrement à la victoire? ainſi, puiſque la victoire étoit habituelle ſous ces grands hommes, il y avoit donc une tactique. Il y en avoit une, n'en doutez pas, & très-ſupérieure: ce n'étoit pas la tactique excluſive, diſloquée, & ſinguliérement ſublime de l'Auteur; c'étoit celle des grands hommes, celle du courage, de l'audace & de la victoire, & ce pourroit être encore celle de la nation.

Suivons l'Auteur; *On cita toujours les anciens, & l'on ne s'apperçut pas qu'il y avoit deux mille ans entre les anciens & nous; qu'il falloit d'autres principes, parce que les armes, les conſtitutions, & ſurtout la trempe des ames n'étoient plus les mêmes.*

Nous obſerverons d'abord que Guſtave, Naſſau, Turenne, Veimar, Montécuculi & d'autres, ont aſſez bien prouvé qu'il n'y avoit pas une ſi grande diſtance entre les anciens & nous.

Quant aux changements des armes, ces mêmes Généraux ont dû faire penſer qu'avec des additions aſſez ſimples, l'ordonnance profonde pouvoit comporter l'uſage des armes modernes.

A l'égard de la trempe des ames, que l'Auteur prétend n'être plus les mêmes, nous prendrons la liberté de suspendre, si nous pouvons, l'opinion de ceux qui pourroient l'en croire sur sa parole. Il peut bien se faire qu'il y ait. certaines dégradations de nuances assez sensibles, dans le caractere des nations modernes, mais qu'elles qu'en soient les différences, croyez qu'on retrouvera toujours chez nous l'audace du choc & le feu de l'impulsion guerriere. Les étrangers nous accordent ces qualités; n'est-il pas triste & singulier que ce soit un jeune compatriote qui nous les dénie?

Faut-il rappeller un suffrage immortel, celui du Maréchal de Saxe? s'il eût vécu quinze ans encore, il eût accompli la grande révolution de tactique; il eût proscrit chez nous les affaires de feu: telles étoient ses vues, qui n'étoient qu'une conséquence naturelle de ses observations sur le vrai genre qui nous soit propre.

C'étoit peu pour lui de nous avoir montré les sentiers d'une gloire passagere, il voulut nous en tracer la route immortelle, & statuer pour l'avenir. Quelqu'obscures & imparfaites que paroissent les vues qu'il nous a laissées à cet égard, il n'est pas possible de s'y méprendre.

Que cette intention doit augmenter nos regrets! Rappellons un moment son ombre glorieuse; voyons Maurice au milieu de nous; son corps mourant semble se ranimer & tressaillir à la vue de trois charges consécutives, il éprouve le feu sublime de l'extase guerriere, il s'écrie dans un mouvement de transport; *quelle Nation!* il s'éleve au-dessus de ses forces, il croit sentir un excès de vie, & sa grande ame s'élance encore avec nos assaillants. Quel moment pour la Nation! c'est ainsi qu'elle étoit; un Héros l'admira ; un jeune Auteur aujourd'hui la déprise ; cependant elle est encore la même.

Mais, si vous la cherchez dans la froide opiniâtreté de la tiraillerie moderne, vous ne la trouverez pas. Applaudissez-vous donc, imitateurs ! Vous avez fait des merveilles ; c'est un grand coup d'avoir enchaîné notre ardeur.

Au reste, il y a bien du mal-entendu dans tout ceci ; ce même Auteur si tranchant, si dédaigneux, si froidement méprisant, connoît parfaitement le génie national, & sans doute il n'est point insensible ; des événements eussent développé son ame ; une seule circonstance peut-être eût élevé son cœur à l'héroisme ; & s'il avoit pu voir quelque légere image de charge à la Françoise, nous osons le croire, il en auroit pleuré de joie & de transport.

Mais où retrouver encore ces vestiges de gloire ? le hasard seul auroit pu lui en montrer quelques exemples devenus extrêmement rares, parce que l'ordonnance moderne ne les comporte réellement point, & qu'elle répugne même souverainement à leur exécution. Dans ce cas, au défaut d'exemples, & puisqu'un nombre de faits suffisants lui manquoient, il semble qu'il eût été sage de se former une expérience factice de celle des autres ; de consulter des hommes qui ont vu, bien vu, médité & bien médité pendant toute leur vie. Mais non, l'Auteur de l'essai n'en croit qu'à lui-même ; il ne se laisse point séduire ; les Gustave, les Nassau, les Turenne, les Crequi, les Saxe & trente campagnes d'un Folard ne lui en imposent point ; il nous dira même avec beaucoup de confiance ; *l'ignorance fut telle alors, que Folard eut des partisans.* Que faut-il entendre !

Réflexions bien faites, on pourroit penser que l'Auteur de l'essai n'a considéré sa tactique que comme un jeu particulier de manœuvre, qui n'a nul rapport à l'action principale de la guerre ; que dis-je ! il en fait lui-même l'aveu le plus autentique ; écoutons ce qu'il en dit ailleurs.

Par-tout où le Roi de Prusse put manœuvrer il eut des succès ; presque par-tout où il fut réduit à se battre, il fut battu.

En ce cas, pourquoi nous le proposer pour modele, à nous François, qui n'aimons pas à composer, & qui aimons à nous battre ? Il est donc avoué par l'Auteur lui-même que l'ordonnance moderne perfectionnée par le Roi de Prusse, qui est le grand objet de son imitation, n'est point propre à l'exécution de l'action principale de la guerre, qui est sans contredit celle du combat ; en ce cas, dites-nous ce que c'est qu'une tactique qui vous fait battre, lorsque vous êtes forcé d'engager une action ?

Et à l'égard de la supériorité du Roi de Prusse en manœuvre, elle n'est sûrement pas une suite de l'ordre mince perfectionné, puisqu'une fois déployé, vous convenez vous-même que ses mouvements *sont si lourds qu'ils sont impraticables.*

Votre tactique n'est donc dans le fait qu'un jeu de manœuvre incapable de l'action principale ; & remarquez que ce jeu., qui sans doute est essentiel, n'est dû qu'à la colonne, & point du tout au déploiement, qui par sa nature anéantit tous les mouvements. Cela seul devoit bien vous ouvrir les yeux, & vous faire penser à l'ordonnance qui réunit supérieurement les propriétés de l'action de combat avec celles de manœuvres.

Il résulte de-là que l'Auteur, qui voudroit perpétuer chez nous l'ordre mince, n'y croit réellement point lui-même.

Cette assertion paroîtroit trop extraordinaire si elle n'étoit appuyée d'un résumé du Texte.

Récapitulation. (a)

1°. L'Auteur de l'eſſai a dit, *une Armée rangée dans l'ordonnance actuelle ne peut ſe mouvoir.*

C'eſt-à-dire, que l'ordonnance de l'Auteur, qui ne differe point l'ordonnance actuelle, ne peut ſe mouvoir.

2°. *L'étendue de ſon front rendroit ſes mouvements ſi lourds & ſi lents qu'ils ſeroient impraticables.*

Ce doit donc être avec grande répugnance que l'Auteur s'eſt déterminé à perpétuer chez nous l'étendue des fronts.

3°. *Il ne faut pas déployer à des diſtances trop éloignées, parce qu'alors on perd l'avantage de ſe remuer en colonne, ce qui eſt bien plus facile que de ſe remuer en ligne.*

Vous ne perdriez point l'avantage de vous remuer en colonne, ſi vous en conſerviez l'ordre pour le combat auquel elle eſt ſi propre.

4°. *S'il faut attaquer & percer, je dis qu'il faut former l'Infanterie en colonne.*

Nous ſommes de votre avis; formez donc votre Infanterie en colonne habituellement, afin que vous püiſſiez attaquer & percer habituellement.

5°. *Je ſuis plus partiſan que perſonne de cette maniere d'attaquer, c'eſt celle du courage, c'eſt celle de la nation, & preſque toujours celle de la victoire.*

Nous ſommes encore de votre avis; pourquoi votre application eſt-elle donc ſi oppoſée à ces maximes?

(a) Nous n'obſerverons d'autre ordre dans la ſuite de toutes ces citations, que celui de les rapprocher, pour en faire ſentir la contrariété.

6°. *La profondeur de l'Infanterie donne de la confiance au ſoldat, & intimide l'ennemi.*

Pourquoi perdez-vous donc volontairement la faculté d'intimider l'ennemi ?

7°. *Les hommes ne voyant que par les yeux de la machine, attribuent gain de cauſe à la troupe qui leur paroît la plus épaiſſe, & qui raſſemble le plus d'hommes ſur un même point.*

Il ſeroit bien à deſirer que votre ordonnance vous fît d'abord attribuer gain de cauſe.

8°. *Je vais prouver cependant que l'ordre mince eſt encore le plus avantageux pour engager l'action de choc.*

En rapprochant ceci des paragraphes 5 & 6, il réſulte que l'ordre mince eſt ſupérieur à l'ordre de profondeur, puis, qu'il lui eſt inférieur, puis, qu'il eſt ſupérieur à l'ordonnance de la victoire, ce qui eſt au moins mal ſonnant à l'oreille.

9°. *Quelques-unes de ces attaques (en colonne) réuſſiſſent cependant, parce que l'ennemi ſe défend mollement, parce qu'il s'effraie de cette maſſe d'hommes qui arrive à lui, parce que la tête des colonnes étant toujours compoſée de troupes délite, ces troupes pénetrent & fraient le chemin ; mais portées dans le retranchement, la maſſe étonnée de ſon ſuccès, ne peut plus s'y débrouiller, elle n'eſt plus en état de ſe deployer & de s'étendre.*

Quand il ſeroit auſſi vrai qu'il eſt évidemment faux, que la colonne victorieuſe ne ſeroit plus en état de ſe déployer, ce ne ſeroit pas un ſi grand mal ; puiſque les cas très-rares où elle ſeroit obligée de s'étendre, ne peuvent être ceux où il y auroit encore des ennemis à pouſſer ; ainſi il ne ſeroit pas aiſé de comprendre comment ces masses étonnées de leur succès, ne pourroient se débrouiller & se déployer dès qu'il n'y auroit plus d'ennemis à charger.

Quelle idée l'Auteur s'est-il donc formé des colonnes? il suppose sans doute que ce sont des masses monstrueuses, inextricables, hors de toutes mesures & sans proportions quelconques : mais pourquoi lui plaît-il de les supposer ainsi, tandis que, dans les proportions apperçues de ces masses, la simplicité fait leur essence primitive?

Que dis-je! il propose lui-même une formation de colonnes d'attaque, & il fait une longue énumération de ses propriétés & de ses avantages. C'est encore ici le pour & le contre, le oui & le non, le fort & le foible.

10°. L'Auteur combat avec grande raison l'idée du feu de charge; il a quelquefois des saillies admirables; il dit, que ce feu *ralentit le mouvement, que c'est perdre l'avantage décisif de l'assurance qu'un mouvement prompt & audacieux imprime à la troupe qui le fait, tandis que l'ennemi, voyant qu'on arrive à lui malgré le feu, s'étonne & chancelle. Qui connoît la nation, qui l'a vue à la guerre, trouvera cette derniere raison sans replique.*

Qui ne croiroit que l'Auteur est un partisan outré de l'ordonnance du choc, & par conséquent de la profondeur? Est-il possible de mieux peindre l'avantage de la charge & le mépris du feu? mais, non; il n'est ici question que d'une charge de ligne, c'est-à-dire, d'un mouvement impraticable, ou tout-au-moins, lourd & dangereux. On peut juger par l'opinion que l'Auteur attache à une simple charge de ligne, quel devroit être l'étonnement de l'ennemi, si cette charge étoit faite dans l'ordre naturel du choc.

11°. L'Auteur prend néanmoins la formation sur six pour ce qu'il appelle *combattre la Cavalerie.*

Il semble s'y déterminer à regret ; il lui paroît à lui-même que c'est une contradiction de tout ce qu'il a dit précédemment, rélativement à la profondeur habituelle de l'Infanterie. Aussi emploie-t-il de longs détours pour justifier ce doublement. Il étoit inutile qu'il prît tant de peine ; on lui passera sûrement son exception ; je ferai seulement une seule observation sur l'esprit dans lequel il propose cette formation ; c'est précisément pour un cas purement défensif. C'est pour résister à la Cavalerie, & non, comme il le dit, pour la combattre. Cette formation lui donne en effet quelques propriétés résistantes. Quant à celles du combat qui suppose de l'action & de la mobilité, je doute qu'on puisse l'attribuer à la formation sur six, quoique cependant elle s'en rapproche. Ce n'est pas non plus l'intention de l'Auteur, puisqu'il propose de la renforcer par l'ingenieuse ressource des retranchements de cordes, ce qui ne cadreroit pas avec des vues offensives du moment.

12°. L'Auteur se croit encore forcé de faire valoir ici la formation sur six : *L'augmentation de profondeur*, dit-il, *donne plus de consistance & de solidité à mon bataillon ; elle imprime du moins ce préjugé au soldat qui en fait partie, ainsi qu'au Cavalier qui vient à la charge ; & c'est beaucoup, à la guerre, que d'agir suivant l'opinion de l'ennemi, & sur celle des troupes que l'on commande.*

Voilà d'excellents principes, nous les adoptons sans réserve ; quel dommage, que l'Auteur qui les a posés, n'ait pas voulu les appliquer !

13°. *Les François étoient sans ordre, sans discipline*, peu propres aux combats de feu & de plaine, *redoutables dans toutes les affaires de poste &*

d'épée ; ils avoient alors, comme aujourd'hui, ce premier moment de vigueur & d'impétuoſité.

Comment donc accorder que, reconnoiſſant auſſi préciſément ces défauts & ces qualités, l'Auteur veuille abſolument nous expoſer à être victimes des défauts, ſans profiter des qualités ? qu'il laiſſe en pure perte notre vigueur impétueuſe, en nous réduiſant uniquement aux affaires de feu ?

14°. *Ou des obſtacles inſurmontables ſéparent de l'ennemi, ou il y a poſſibilité de le joindre ; dans le premier cas, voilà néceſſairement l'action réduite à un combat de mouſqueterie de pied-ferme. Dans le ſecond, je penſe qu'il faut marcher ſans s'arrêter & ſans tirer.*

Nous obſerverons d'abord que, ſi des obſtacles inſurmontables ſéparent de l'ennemi, il ne peut y avoir aucun cas où il ſoit néceſſaire d'engager un combat de feu. Nous avons vu un exemple aſſez moderne de ces combats inutiles : il eut tout l'effet qu'il pouvoit avoir ; il produiſit des plaiſanteries & des pleurs ; il n'eut ni ne put avoir d'autres ſuites.

Dans le ſecond cas, où l'ennemi eſt abordable, vous penſez, dites-vous, *qu'il faut marcher ſans s'arrêter & ſans tirer.* Oh ! aſſurément nous vous prenons au mot : mais ayez donc une ordonnance qui vous permette le mouvement & l'impulſion, puiſque, ſelon vous-même, l'Infanterie déployée n'en peut plus avoir.

15°. *Toutes les troupes de cette partie du Monde ont les mêmes armes & la même ordonnance, parce qu'elles ont ſenti la ſupériorité des armes à feu ſur les armes de jet des anciens ; ou, qu'étant devenues molles, oiſives, maladroites, inexpertes aux exercices du corps, elles ont dû préférer de concert une arme qui n'exige ni courage, ni force, ni adreſſe.*

Premiérement, il n'eſt pas trop vrai que l'arme à feu n'exige ni courage, ni force, ni adreſſe : l'Auteur n'a-t-il pas dit lui-même, *que le feu de bille-baude convenoit particuliérement à la vivacité & à l'adreſſe Françoiſe?* Mais ce n'eſt ici qu'une inadvertance légere ; l'Auteur s'entend très-bien d'ailleurs. Comme il réduit par le fait toute action de guerre au feu, il eſt très-vrai que, ſous ce point de vue, l'arme à feu n'exige en effet ni courage, ni force, ni adreſſe. Mais il lui plaît donc de ſuppoſer qu'avec l'arme à feu nous n'emploierons jamais l'ordonnance du choc : peut-être voudra-t-il auſſi nous perſuader que nous en ſoyions convenus de concert avec les Nations de l'Europe. Une pareille convention reſſembleroit beaucoup à celle de deux champions, qui ſe recommanderoient en combattant de prendre garde aux yeux.

Que devient donc l'eſcrime de la bayonnette propoſée par l'Auteur?

Comment concilier d'ailleurs que le grand régénérateur prenne, pour baſe de ſa conſtitution, une ordonnance qui, ſelon lui, n'exige ni courage, ni force, ni adreſſe?

16°. *Si les troupes ſont braves & guerrieres, on peut haſarder de les déployer plus près de l'ennemi* (a).

Voici à préſent des troupes braves & guerrieres avec l'ordonnance du feu, qui n'exige ni courage, ni force, ni adreſſe : comment accorder tout cela?

17°. *Donc je veux qu'on ſe forme ſut trois, & jamais ſur quatre ni ſur ſix en aucun cas ; parce que par-delà trois hommes on ne tire ni feu, ni augmentation de force, des rangs qui ſont derriere eux.*

(a) Le mérite & la réputation de l'Auteur, & ſur-tout l'importance de ſa matiere, nous raſſurent ſur les répétitions fréquentes du Texte.

Comparez cette assertion absolue aux paragraphes 11 & 12, où l'Auteur fait l'apologie de la formation sur six, & jugez.

18°. *L'appareil des bayonnettes réservées pour les occasions décisives, auroit quelque chose d'imposant & de terrible : c'est depuis qu'on la porte toujours qu'on ne s'en sert jamais.*

L'on voit que l'Auteur est encore ici partisan de la charge : est-il donc concevable, encore un coup, que la constitution qu'il propose y répugne ? Il n'étoit pas difficile de s'appercevoir qu'on ne se sert plus de la bayonnette, parce qu'on ne peut plus s'en servir dans l'immaniable déploiement de l'Infanterie.

19°. *Aujourd'hui toutes les Troupes de l'Europe ont, à quelques différences près, les mêmes constitutions; c'est-à-dire, des constitutions imparfaites & mal calculées sur leurs moyens, & dont l'honneur & le patriotisme ne sont la base.*

Puisque l'Auteur ne nous en donne point d'autres que celles qui sont actuellement adoptées en Europe, il avoue donc lui-même que la constitution qu'il nous propose, est imparfaite, mal calculée sur nos moyens, & que l'honneur ni le patriotisme n'en sont la base.

20°. *C'est toujours l'espece des armes qui détermine l'ordonnance des Troupes.*

Je crois que, si l'Auteur nous avoit trouvé armés de bâtons, il auroit adopté l'ordonnance des bâtons.

Si l'espece de nos armes ne convenoit pas absolument à l'ordonnance nationale, ce n'étoit pas une entreprise impraticable de les y approprier; les changements à y faire ne seroient pas considérables, puisque l'ordonnance du choc réussit parfaitement encore, malgré l'impropriété prétendue des armes actuelles,

tuelles, toutes les fois que le hasard nous présente l'occasion trop rare du choc.

21°. *Il falloit veiller à ce que les progrès des connoissances n'attaquassent point les préjugés nécessaires.*

Comment donc expliquer que l'Auteur veuille éteindre l'utile préjugé de l'ascendant national pour l'impulsion guerriere?

22°. *Le génie des nations est en contradiction avec leur milice. ....*

La Tactique dépendante des temps, des armes, des mœurs & de toutes les qualités physiques & morales des peuples, a dû nécessairement varier sans cesse.

Qui ne croiroit que l'Auteur va consulter les qualités physiques & morales de la Nation Françoise, pour déterminer la tactique qui lui est propre? Point du tout; il retombe dans l'uniformité admise aujourd'hui; qu'il dit être, lui-même, une suite de l'esprit d'imitation.

23°. Le paragraphe précédent contraste parfaitement encore avec les idées suivantes.

Les traits des nations sont effacés par la similitude de leurs principes.....

La tactique (celle de l'Auteur) *divisée en deux parties, simple & sublime, devient la science de tous les temps, de tous les lieux & de toutes les armes; c'est-à-dire, que, si jamais, par quelque révolution qu'on ne peut prévoir, on vouloit revenir à l'ordre de profondeur, il ne faudroit changer, pour y arriver, ni de manœuvre ni de constitution.....*

Les évolutions les meilleures, les plus analogues au génie national, doivent être exécutées par les mêmes principes.....

C'est toujours l'espece des armes qui détermine l'ordonnance des troupes.

Tout cela ſignifie, je crois, qu'il y a un génie national, ou un caractere diſtinctif des nations, & qu'il n'y en a point : que la tactique a dû varier ſuivant les mœurs & les armes, & qu'elle doit être invariable, quelles que ſoient les mœurs & les armes : que les qualités phyſiques & morales des peuples influent néceſſairement ſur l'inſtitution des troupes, & que ces qualités en ſont indépendantes : que l'eſpece des armes doit déterminer l'ordonnance des troupes, que cependant la tactique de l'Auteur eſt de tous les temps, de tous les lieux & de toutes les armes. Comment concilier tout cela ?

24°. *Je donnerai un cours complet de tactique ; ce cours ſera précédé d'un plan de conſtitution militaire national.*

On croiroit que ce plan va être adapté à la Nation Françoiſe ; point du tout : l'Auteur s'explique, *c'eſt-à-dire, d'un plan calculé ſur les moyens, le génie & la puiſſance de leur nation.*

Voici donc une ſelle à tous chevaux, un plan national pour toutes les nations : qu'eſt-ce donc qu'un plan national dont toutes les nations pourront s'accommoder ? eſt-il permis de nommer national ce qu'on prétend appliquer au nord comme au midi ?

25°. *Ce plan ſera contraire, à beaucoup d'égards, aux idées reçues ; car j'avoue que toutes les conſtitutions exiſtantes en Europe ſont bien éloignées du point de perfection, ſoit réel, ſoit chimérique, que j'oſe entrevoir.*

Ceci ſembloit annoncer quelque choſe ; je m'attendois à des changements effectifs : vaine eſpérance ! ce plan ne ſera qu'une confirmation des conſtitutions exiſtantes ; l'Auteur s'en explique poſitivement. *Je ne préſenterai ici*, dit-il, *que les matériaux de ce cours de tactique, & je les présenterai sans m'assujettir strictement à l'ordre élémentaire.* Il fait assez connoître, d'ailleurs, dans son Introduction (page 2.) qu'il n'a d'autre objet que celui de reforger l'ordre actuel. Heureusement le charbon lui manquera.

Il est donc vrai que l'essai général n'est qu'un extrait du grand plan annoncé avec tant d'éclat ; ou que ce grand plan ne sera qu'un ressassement de l'essai sur l'ordre mince? Quel dommage, qu'avec autant d'esprit, l'Auteur ait voulu se priver ainsi à l'avance, de toute espérance de retour, à l'exécution d'une constitution vraiment nationale !

Mais, puisque tout doit se réduire à compulser les institutions habituelles, que deviendra *l'ordonnance du courage, celle de la nation, & presque toujours celle de la victoire?* que deviendra ce *point de perfection, soit réel, soit chimérique, que l'Auteur ose entrevoir?*

26°. *Pour refondre une constitution, chose plus difficile que de la créer, il faudroit être Souverain ; puisqu'il s'agiroit, à beaucoup d'égards, de changer les mœurs de la nation, & la routine de l'administration.*

Les mœurs étant données, y plier la constitution, seroit le projet sensé d'un Législateur éclairé : mais imposer d'abord une institution quelconque, & y entraver les mœurs, seroit, ce me semble, ou bien ridicule, ou bien cruel, ou l'un & l'autre.

L'Auteur décele bien ici ses vues ; il faudroit en effet des mœurs factices pour son institution, qu'il ose pourtant appeller nationale ; & il n'a pas craint de condamner la vivacité Françoise aux combats paralytiques des coups de fusils : cela n'est ni sensé, ni sage, ni vu, ni senti.

Au moins, si ces nouveautés prenoient faveur, elles ne seroient peut-être pas irrévocables ; nous pourrions nous en rapporter à l'attrait irréſiſtible des mœurs naturelles, qui nous rameneroient tôt ou tard.

27°. *Suppoſons qu'il s'élevât en Europe un peuple qui joignît à des vertus auſteres & à une milice nationale, un plan fixe d'aggrandiſſement, on verroit ce peuple ſubjuguer ſes voiſins, & renverſer nos foibles conſtitutions, comme l'aquilon plie les frêles roſeaux.*

Il eſt vrai que nos conſtitutions ſont débiles; il eſt vrai que l'Auteur n'y fait aucun changement qui en corrige la foibleſſe; il eſt vrai qu'une milice nationale les renverſeroit; il eſt donc vrai que la conſtitution de l'Auteur ſeroit renverſée comme les frêles roſeaux ſous l'effort de l'aquilon.

28°. Raſſurons-nous, le Prophête a parlé: *Ce peuple*, dit-il, *ne s'élevera pas, parce que les nations s'aſſimilent & ſe corrompent.*

Nous croyons, en effet, que ce peuple ne s'élevera pas ſur les principes aſſimilés de l'eſſai général, ſi étrangement oppoſés à l'intention de naturaliſer l'inſtitution militaire.

29°. *Quelque avantageux qu'il fût que les idées de tactique que je vais expoſer, fuſſent adaptées au plan de conſtitution que je projette, elles en ſont cependant indépendantes; elles ſont applicables à toutes les conſtitutions quelconques.*

Ceci ſembleroit annoncer quelque choſe de neuf dans le grand plan projetté, mais l'explication n'en ſeroit pas facile; car les principes de l'eſſai *ſont applicables à toutes les conſtitutions quelconques*; il eſt préſenté, d'ailleurs, comme *contenant les matériaux du grand plan*; & l'Auteur ſe propoſe, dit-il, *de les réunir un jour en un corps tenant à un plan de conſtitution, que j'oſerai appeller un corps de tactique com-*

plet ; donc ce grand plan ſera également applicable à toutes les conſtitutions quelconques. C'eſt-à-dire, que nous n'aurons jamais d'inſtitution nationale de la part de l'Auteur ; à moins qu'il ne ſe détermine au généreux ſacrifice de l'eſſai général ; ce qui ſeroit d'autant plus à deſirer, qu'il aura, quand il voudra, dix fois plus de génie qu'il n'en faudroit pour en remplacer avantageuſement la perte.

30°. *Je vais appliquer ces conſtitutions à celle de nos troupes, je les appliquerois de même à celle d'Autriche & d'Angleterre, &c. & voilà en quoi j'oſe croire que j'écris avec plus d'utilité que n'ont fait tous les Tacticiens.*

L'Auteur s'étoit pourtant expliqué un peu différemment ; il avoit fait ſentir *combien il ſeroit avantageux que les idées de tactique fuſſent adaptées au plan de conſtitution militaire national.* Il avoit blâmé les inſtitutions *applicables au nord comme au midi.* Et il s'applaudit à préſent d'avoir écrit pour toutes les nations. Comment expliquer des diſparates de cette force ?

RÉSUMÉ.

Il eſt donc évident qu'en établiſſant l'ordre mince habituel, l'Auteur ne laiſſoit pas d'en connoître très-bien le vuide & la foibleſſe ; & qu'à l'exemple des Prêtres des fauſſes Religions, il voudroit nous faire croire ce qu'il ne croit point lui-même. Mais il y a cette différence que ceux-là ont au moins grande attention à ne jamais fournir de preuves contr'eux.

Si vous oppoſez à préſent, ſi vous comparez cette philoſophie, ce tendre intérêt pour tous les peuples, ce ſentiment de ſatisfaction d'avoir cru ſervir l'Autriche & l'Angleterre, avec l'intention tant & ſi vainement annoncée d'une inſtitution nationale, &

ſur-tout avec l'éloquente & touchante épître à la patrie, que penſerez-vous de la liberté d'un patriotiſme modifié à volonté, qui lui fait ſoufler le froid & le chaud, le pour & le contre?

Au reſte, en rapprochant tous ces textes, vous reconnoîtrez toujours un excellent Avocat pour un mauvais procès, & quelquefois auſſi une fort bonne cauſe aſſez mal ſervie.

En réſumant enfin, vous pourrez vous convaincre que les preuves les plus fortes en faveur de l'ordonnance de profondeur, ſortiroient de l'expoſition exacte, & d'une analyſe étendue de nombre de maximes débitées avec confiance par l'Auteur lui-même, pour établir ſon ordre mince.

Mais en voilà beaucoup trop ſans doute, pour faire ſentir des inconſéquences, qu'on remarquera d'autant plus aiſément, que leur faux éclat doit bleſſer les yeux les moins délicats.

Cependant il faut être vrai & de bonne foi; un génie tel que celui de l'Auteur de l'eſſai, peut bien être capable d'une erreur, mais non pas de tant d'inconſéquences. Le plus ſouvent ſes principes ſont bons, & quelquefois ſes maximes excellentes; j'ai donc cherché la ſource de cette erreur qui en a enfanté tant d'autres: j'ai cru la trouver dans la fauſſe opinion qu'il a priſe de l'ordre mince, auquel il attribue gratuitement les propriétés de charge, de force, de mouvement, d'impulſion & d'audace; facultés qui lui manquent abſolument, avantages propres & particuliers aux ordres de profondeur, & que n'aura jamais l'Infanterie déployée. Tel eſt, je crois, le principe de tant de contrariétés.

Mais il reſteroit encore une grande difficulté à réſoudre, c'eſt le peu de confiance que l'Auteur montre ſi ſouvent, & ſans doute involontairement, ſur les propriétés de l'ordre mince pour l'action de combat;

c'eſt tout ce qu'il dit d'ailleurs en faveur de la profondeur ; ce ſont tant d'aſſertions manifeſtées d'une façon ſi poſitive aux paragraphes 1, 2, 3, 4, 5, 6, 7, 9, 10, 11, 12 & 16. Ce qui ſeroit encore plus difficile à concilier, c'eſt ce paſſage que nous avons déja cité. *Par-tout où le Roi de Pruſſe put manœuvrer, il eut des ſuccès ; preſque par-tout où il fut réduit à ſe battre, il fut battu.*

On ne pouvoit mieux exprimer l'impropriété de la nouvelle tactique pour l'action de combat. Comment donc concevoir qu'avec les vues qu'il annonce, il ait voulu nous expoſer à être battu par-tout où nous ſerions réduits à nous battre ? Cela paroît d'autant moins excuſable, que nous atteindrions plus difficilement à l'auſtérité de l'inſtitution Pruſſienne.

MAL ENTENDU.

Si quelque choſe a fait tort à l'ordonnance de profondeur, il n'eſt pas aiſé de concevoir que ce puiſſe être la force des raiſonnements qu'on lui a oppoſés ; on a pu en juger. Ce pourroit être plutôt une certaine variété, une diviſion d'opinions, qui a fait penſer aux gens indifférents que, puiſque ſes partiſans ne pouvoient s'accorder entr'eux, ſans doute ils ne diſputoient que pour une chimere. L'un veut la colonne, l'autre la pléſion, celui-ci la cohorte, un autre l'impulſive, &c.

Mais l'on n'a point fait attention que ces diſputes ne rouloient que ſur les mots ; ils étoient parfaitement d'accord ſur le fond ; & tout perſuadés & convaincus que nous ſommes de la ſupériorité des ordres de profondeur, de leurs propriétés générales, applicables à toutes les grandes occaſions de la guerre, & moyennant modification, à preſque toutes les circonſtances particulieres, nous convenons cependant qu'il y auroit encore à disputer sur la forme.

Ce n'est pas que les propriétés constitutives, essentielles & inhérentes à l'ordre plein, dépendent de ces formes, loin de-là; mais, comme il y a toujours un mieux en toute chose, nous disons qu'il pourroit y avoir encore à contester pour obtenir ce mieux; & que les différences d'opinions, à cet égard, ne peuvent altérer en rien les preuves irrésistibles de la supériorité de cette ordonnance, & n'ont même aucun rapport au fond de la question, qui consiste, non en tel ou tel systême, mais seulement en la profondeur réunie à la mobilité, sans excepter aucunes des formations qui tendent aux propriétés d'action.

Qu'un certain public ait donné dans cette erreur, qu'il ait pu se tromper & prendre le change sur la fausse apparence de ces disputes, on peut s'y attendre; mais que l'Auteur de l'essai lui même en ait été la dupe, c'est ce qui est affligeant.

Économie de manœuvre.

1°. C'est une chose intéressante dans l'essai général, que la simplicité des mouvements généraux d'une armée, soit pour tromper l'ennemi sur la force des colonnes de marches, soit pour prendre une disposition avec autant de célérité que peut le permettre l'esprit de l'ordre mince, soit même pour donner le change sur le vrai point où l'on veut faire effort. Ce préparatoire, qui d'abord semble tendre à l'économie de manœuvres, est réellement très-beau entre deux armées qui s'observent, & les deux Chefs qui, avant l'exécution du déploiement, tiennent encore tous leurs moyens à la main.

L'Auteur représente parfaitement cette situation, lorsqu'il dit : *Supposons un Général habile & tacticien, cicien, dans la nécessité de recevoir une bataille, il ne démasquera sa disposition de défense qu'après qu'il aura reconnu les points où l'ennemi veut faire effort. Il tiendra son armée en colonnes sur le champ de bataille qu'il devra occuper, afin de ne déterminer la répartition de ses troupes, que sur celle des troupes de l'ennemi. Il opposera enfin finesse à finesse & manœuvre à manœuvre, &c.*

Tout cela est bon; mais il en résulte que celle des deux armées qui déploiera le plutôt, aura un desavantage marqué, parce que l'autre armée, tant qu'elle restera en colonnes, retiendra toujours la faculté d'accepter le combat, ou de le refuser; de démasquer ou non sa disposition; de déterminer la répartition de ses troupes à volonté, & rélativement à celles de l'ennemi; & qu'elle conservera enfin, sur l'armée qui a déja exécuté son déploiement, toute la liberté de l'action. Voilà une proposition avouée par l'Auteur, & qui en effet est incontestable.

C'est-à-dire, qu'entre deux armées qui s'observent, celle qui sera le plutôt en disposition de combat, dans l'ordre mince, aura du desavantage sur celle qui attend en colonne, & qui prendra sa disposition après l'autre. C'est-à-dire encore, que, si vous êtes plus prompt, plus actif, plutôt prêt à l'action principale, cette activité, cette célérité, cette rapidité tourneront à votre desavantage. Telle est en effet la suite inévitable du déploiement. Or je demande si cette idée ne répugne pas à toutes les notions naturelles & aux premiers éléments de l'art? & ne seroit-ce pas un vice essentiel dans une disposition, si celui qui l'auroit le plutôt achevée, perdoit l'avantage d'avoir été plus promptement en posture de combat? Ce n'est encore là qu'une foible esquisse de la fausseté du déploiement.

Il est vrai que l'Auteur, après l'exécution du déploiement, ne perd pas absolument la faculté de reprendre de l'action par des contre-manœuvres, tendantes à ployer, pour rappeller le mouvement & la liberté des manœuvres; mais, par le fait même de ce recours aux propriétés d'action, n'est-il pas évident que le déploiement qui les a fait perdre, est un mouvement faux, surabondant, & contraire au grand principe de l'économie de manœuvres?

2°. Ce sont-là des vérités si importantes, si étroitement liées au principal de la guerre, que nous croyons ne pouvoir jamais assez insister sur elles. Supposons encore la même circonstance de deux Armées en colonnes-manœuvre, en observation, & ne perdons pas de vue le texte ci-dessus. *Il ne démasquera sa disposition de défense qu'après qu'il aura reconnu les points où l'ennemi veut faire effort. Il tiendra son Armée en colonnes sur le champ de bataille qu'il devra occuper, &c.*

Dans cette situation intéressante, je demande quel seroit le raisonnement du plus habile des deux Chefs, suivant l'esprit de la méthode ordinaire? le voici.

» Tant que l'ennemi, diroit-il, restera en colonnes, sa disposition libre & dérobée, ne me donnant aucuns moyens d'appercevoir ses forces & ses desseins, il ne peut y avoir qu'à perdre pour moi, de lui découvrir les miens, en le prévenant dans l'exécution du déploiement.

» Si au contraire, diroit-il encore, l'ennemi me prévient dans l'exécution du déploiement, alors il se met dans ma dépendance, il me laisse connoître le fond de sa disposition & de ses forces, sa démarche est irrévocable, j'accepte ou je refuse à mon gré, je le tiens à mon ordre, & tant que je conserverai mon Armée en colonnes-manœuvre, je retiens à moi toute la liberté de l'action. »

De-là il concluroit que le déploiement eſt un faux mouvement, au moins pour celui qui l'exécute le premier. Il verroit que, pour ne donner aucune priſe ſur lui, il faut qu'il attende. Il jugeroit qu'une fois qu'il auroit rompu ſes colonnes pour déployer, il ne ſeroit plus maître de rien; qu'il perdroit dès cet inſtant l'autorité ſur les événements de l'action.

Voilà ſans doute un raiſonnement très-ſimple, ſuivant la ſaine raiſon, & très-exactement déduit du texte de l'Auteur. Or, puiſque le déploiement eſt faux pour celui qui le commence, & qui d'ailleurs auroit des raiſons d'entamer l'action, il eſt évident qu'il ne convient point à l'exécution d'un deſſein offenſif; & qu'eſt-ce donc enfin qu'une ordonnance qui ne ſeroit point propre à l'offenſive?

Il ſuit de-là que le déploiement des forces, dans l'eſprit de l'ordre mince, ne fut & ne ſera jamais une ordonnance militaire.

3°. Le plus grand nombre des Officiers François conviennent de la néceſſité de former l'Infanterie en colonnes, au moins ſur le point où l'on doit faire effort : mais c'eſt plutôt par ſentiment que par une réſolution décidée, puiſqu'ils ne l'admettent que par tranſition du déploiement à la colonne (*a*) pour l'action.

Oſerois-je dire, que cet avis indéterminé n'a été formé que par la crainte de paroître excluſif; il s'en faut de beaucoup encore qu'il rempliſſe l'objet deſirable.

On parle actuellement de nouvelles manœuvres : je n'en ai pu connoître encore aucuns réſultats; ſi elles étoient entrepriſes dans cet eſprit, ce ſeroit déja quelque choſe; ce parti mitoyen annonceroit

(*a*) Le lecteur voudra bien diſtinguer toujours une différence eſſentielle, entre les colonnes-manœuvres & les colonnes d'action.

au moins une saillie de raison, qui nous donneroit grande espérance, en attendant une intime persuasion; ce seroit déja sentir la nécessité de l'action & l'utilité d'une préparation à la charge.

Les partisans de cette opinion moyenne exécutent le déploiement pour préparer l'attaque, disent-ils, par un préliminaire de feu. Il suivroit de-là, que le [illegible]ploiement en colonnes pour le choc, se feroit nécessairement à la portée de l'ennemi. Or des déploiements opérés d'abord avec danger devant l'ennemi, pour ployer ensuite en colonnes avec plus grand danger encore, seroient évidemment de faux emplois de manœuvres inutiles, & des surabondances de mouvement; car il est essentiel de bien observer que tout mouvement de formation exige nécessairement une suspension dans l'action directe, jusqu'à ce que la formation soit achevée; ainsi toute formation devant l'ennemi est une vraie crise de foiblesse, ce qui confirme encore la regle générale, qu'il faut toujours tendre à l'économie de manœuvre.

4° Il est peut-être inutile d'avertir que, dans ce que nous entendons ici par économie de manœuvres, il ne peut être question des mouvements qui porteroient directement à l'exécution d'une charge dans un ordre habituel de choc; puisque dans ce cas, les manœuvres simplifiées, réunies & concentrées à un objet unique & principal, ne doivent point être ménagées; c'est l'occasion de déployer le *maximum* des forces.

On remarquera ici une différence singuliere & très-notable, c'est que dans l'ordre mince les manœuvres multiplées s'éloignent d'autant plus des vrais mouvements tendants au complément de l'action; au lieu que dans l'ordre du choc, tous les mouvements sont d'heureux accès d'une force précieuse & supérieure, tendants toujours par l'économie de manœuvres au complément de l'action. Cette raison mériteroit d'être approfondie ; en la considérant seule, indépendamment de mille autres, elle détermineroit incontestablement la préférence du choc, & par conséquent l'ordre de profondeur.

5°. Il est donc vrai que les partisans mitigés de la profondeur n'ont encore levé qu'un coin du voile ; mais l'on peut espérer que tôt ou tard ils pourront se convaincre que la colonne habituelle peut seule sauver les faux mouvements, éviter les crises dangereuses, les cessations d'actions, & qu'elle seule pourra constituer une vraie tactique.

En attendant on peut toujours remarquer avec plaisir que pour l'action ils passent, au moins, du déploiement inactif à la colonne active ; c'est déja un pas de fait. Mais l'Auteur de l'essai est encore bien éloigné du but ; il abandonne habituellement la colonne active pour le déploiement létargique, & cela pour exécuter ce qu'il lui plaît d'appeller la plus grande opération de la guerre ; cela n'est pas senti ; j'oserois dire que c'est manquer de tact ; ce n'est pas saisir les convenances naturelles ; & l'on peut voir enfin que, pour prendre l'esprit des choses, il ne suffit pas toujours d'avoir de l'esprit.

Il suit de ce que l'on vient de dire, que ce n'est pas avoir la colonne, dès qu'elle n'est pas habituelle, primitive & fondamentale ; & il en résulte que les sentiments indécis, les demies opinions ne valent pas mieux à la guerre que par-tout ailleurs.

Inimitable.

NOUS ne pouvons guere nous plaindre de ce que l'Auteur a dit contre l'ordre de profondeur ; il semble plutôt le dédaigner, que vouloir le combattre; cela est aussi bien plus facile. Mais, puisqu'il ne vouloit point l'admettre, est-il concevable qu'il n'ait pas évité l'embarras d'en fournir lui-même les preuves? Il est vraisemblable du moins que cette apparence d'inconséquence a dû lui coûter quelque contrainte. Peut-être avoit-il ses raisons, & il n'est pas obligé sans doute de se mettre à la portée de tout le monde. Quoi qu'il en soit, nous avons des adversaires dont les attaques ont été plus franches; ils se sont retournés de cent manieres pour faire crouler l'édifice de la colonne; l'Artillerie la mieux servie lui eût fait moins de mal que tous les faux raisonnements qu'on a employés pour en sapper les fondements. Cependant ceux qui ont suivi ces attaques avec le plus d'acharnement, ont été forcés enfin de prendre aussi de la profondeur pour y résister; il a fallu opposer l'audace à l'audace, du mouvement au mouvement, de l'impulsion à l'impulsion, de la force à la force: c'est un hommage involontaire qu'ils ont été forcés de lui rendre.

Telle est la victoire très-complette & très-inutile que la colonne a remporté sur ses aveugles adversaires; on en est demeuré là.

Cependant les plésionaires ont dit, & nous disons avec eux; tant que nos ennemis conserveront l'ordre mince, nos succès seront trop certains pour être bien glorieux, ils seront une suite nécessaire de la supériorité de notre ordonnance: mais enfin, quand ils seront forcés d'y venir, & de nous opposer la masse à la masse, la valeur à la valeur, au moins aurions-nous toujours, par devers-nous, les premiers succès, & l'on auroit gagné pour le monde un genre de guerre plus simple, moins ruineux, plus décisif & moins destructeur.

Il y a plus encore, c'est que, dans ce cas, notre gloire seroit plus pure & non moins assurée; nos victoires alors seroient le fruit du génie national, la récompense de la valeur, & le digne prix, tant attendu, d'une vivacité de caractere qui nous porte avec transport aux dévouements les plus généreux ; & voilà sans doute ce que nos ennemis n'imiteront jamais.

Doublement de Bataille.

Comme il y a des rapports immédiats entre l'objet de notre discussion, & un mal très-enraciné, qu'on laisse subsister dans notre tactique, nous croyons devoir en dire un mot. Ce mal est si vieux, qu'il est presque devenu respectable ; on n'ose y toucher ; les remedes sont difficiles ; on peut penser même qu'il est absolument incurable, à moins que l'on n'en vienne à l'amputation ; je veux parler de l'usage constant, singulier & très-peu raisonné des secondes lignes de bataille.

Il seroit curieux d'en pouvoir bien démêler l'origine ; peut-être n'est-il pas étonnant qu'il se soit établi : il suppose au premier coup d'œil une force double, ou un remplacement prêt à substituer, ou un point d'appui, ou ce que l'on voudra ; peut-être est-il une marque de l'instinct machinal de la profondeur ; mais dans le fait il n'a aucunes des qualités que l'imagination la plus vive pourroit lui attribuer. On dit d'ailleurs vulgairement, deux valent mieux qu'un ; on pourroit donc penser que ce seroit d'après des raisonnements de cette force, que les premiers Instituteurs auroient adopté l'usage des secondes lignes.

Il est plus vraisemblable de penser que les secondes lignes étoient dans l'origine, plusieurs réserves disposées dans l'intention de réserves, qui dans ce cas pourroient être bonnes (car les noms ne font rien à la chofe.) Que, fous Turenne, Montécuculi & d'autres on ait nommé, feconde ligne, des réferves avec intervalles fuffifants; la chofe eft affez fimple; on a vu l'ufage qu'ils en faifoient; mais, dès qu'elles entrent dans l'ordre de bataille en qualité de fecondes lignes continues, fuivant l'efprit moderne, nous croyons qu'elles perdent dès cet inftant, toutes les propriétés qu'on a prétendu leur attribuer.

Il faut convenir d'abord que toutes les forces d'une feconde ligne font en pure perte pour le moment de l'action; la premiere ligne n'en reçoit, ni n'en peut recevoir aucune protection directe ni indirecte. A l'égard de l'axiome, deux valent mieux qu'un, il pourroit être tellement appliqué qu'il deviendroit ridicule; faites commander une Armée par deux hommes égaux en autorité, non-feulement deux ne vaudront pas mieux qu'un, mais ils vaudront, vraifemblablement, beaucoup moins qu'un. Pour faire une comparaifon plus analogue au cas préfent, chargez une piece d'Artillerie au double de ce qu'exigeroit le *Maximum* de fon explofion, il arrivera que vous perdrez votre poudre, elle ne s'enflamera pas, où, fi elle pouvoit s'enflamer, vous feriez crever votre piece : voilà précifément ce qui arrive de l'effet des fecondes lignes; telle eft l'image fenfible de leur fur-abondance.

Une feconde ligne feroit bonne, s'il pouvoit être queftion de réparer la deftruction de la premiere, d'y reporter la force & le courage, ou qu'on pût la fubftituer fimplement & facilement, en tout ou en partie : mais non, fi la premiere ligne reçoit un ébranlement, il eft dangereux qu'elle n'entraîne la feconde, qui n'eft nullement difpofée à recevoir & à couvrir des débris. Si c'eft pour remplacer des hommes ou réparer des trouées, en fubftituant des corps ou feulement des divifions, il eft certain qu'il peut

peut en résulter, pour le moins un flottement, une émotion, une confusion peut-être, dont il est dangereux que l'ennemi ne sache profiter.

Nous observerons d'ailleurs en général, que ce n'est pas le nombre des hommes perdus, qui fait perdre les batailles ; le plus grand mal est dans l'opinion ; c'est un certain esprit, une certaine confiance, c'est le courage qui est perdu ; un moment l'a vu s'évanouir, mais il revient difficilement, & toutes les substitutions d'une seconde ligne ne le rappelleront pas ; loin de-là, l'émotion nécessaire qui résulte de leur correspondance, dans la foiblesse du déploiement des deux lignes, va précipiter le désordre, la confusion & la fuite.

Pourquoi donc cette confiance & ce courage sont-ils perdus sans ressources? Ce n'est pas un effet nécessaire des secondes lignes. Non, sans doute, cependant la terreur est, comme la peur des enfants, un sentiment qui n'est jamais raisonné ; elle prend sa source dans l'ignorance où est une Troupe sur la situation d'une affaire. Mais, si vous lui faites voir l'objet de près, croyez que dès-lors il n'y aura plus de terreurs à craindre. Or, une seconde ligne ne peut rien voir. Il y a donc à parier que la terreur commencera plutôt à la seconde ligne qu'à la premiere, qui, discernant les objets plus distinctement, saura toujours mieux les apprécier.

Ceci fourniroit encore une raison de plus, pour adopter l'ordonnance de charge, afin qu'on pût habituellement porter la troupe sur l'objet, qui n'est rien en lui-même, mais qui, vû de loin, peut produire ces images fantastiques qui grossissent d'autant plus dans l'imagination, qu'on est plus éloigné de les atteindre.

Il est au moins vrai qu'une seconde ligne ne peut en aucune maniere prévenir ce moment désastreux ;

& qu'elle doit, au contraire, en augmenter l'effroi, par la complication & les embarras inſéparables de la double foibleſſe des deux lignes ; & la premiere cauſe de la terreur & du déſaſtre qui la ſuit, réſide eſſentiellement, n'en doutez pas, dans la ſtation forcée de votre diſpoſition mince & atténuée, qui enchaîne tellement le courage, qu'il devient incapable du moindre eſſor, & que la charge enfin lui eſt preſque impoſſible, dès que l'affaire de feu eſt engagée : ôtez aux François la faculté de charger, non-ſeulement c'eſt leur arracher la victoire, mais c'eſt donner lieu à cette même terreur qu'il eût été ſi important de prévenir.

Digreſſion ſur les doublements.

Je ne ſais s'il eſt permis de conſidérer à cette occaſion, quelques rapports tirés de l'Art de la fortification. Il eſt difficile de la faire entrer en lice avec des forces actives & mobiles ; celles-ci doivent avoir la prépondérance, elle devroit du moins leur appartenir de droit. Mais, puiſque par vos déploiements vous perdez volontairement la meilleure partie de ces qualités actives, je haſarderai davantage ; j'oſerai comparer l'inertie à l'inertie, je tenterai du moins autant qu'un ennemi qui ſauroit connoître & profiter de la foibleſſe d'une ligne mince, inutilement doublée d'une autre ligne mince.

Il eſt peut-être intéreſſant auſſi de développer quelques principes qui peuvent faire appercevoir une certaine ſuite, dans la chaîne qui lie toutes les parties de l'Art de la guerre. Comme nous penſons d'ailleurs que tout doit tendre à l'offenſive dans la tactique Françoiſe, il ne ſera pas inutile de faire entrevoir que les cas les plus défenſifs (malgré l'apparence d'une diſparité frappante dans des opérations lentement progreſſives) en offrent cependant fréquemment les moyens.

Je pourrois craindre de paroître ici m'être écarté de l'état de la queſtion, mais je ne m'en éloigne que dans l'intention d'y rentrer plus fort. Nous nous bornerons à un ſeul cas qui préſente des analogies marquées avec le double emploi des ſecondes lignes.

Je ne ſais ſi l'Auteur de l'eſſai pourra croire que l'Art de fortifier, ſuppoſe des vues d'une certaine étendue ; j'en doute beaucoup. La maniere dont il prétend corriger ce qu'il appelle la routine moderne de fortifier les Armées ; le néant & le vuide de ſes points fortifiés ſans rapports entr'eux, & nécéſſairement peu rélatifs à l'enſemble de la diſpoſition de l'Armée ; ſon mémoire non conclu ſur les rapports de la fortification avec la tactique ; à en juger enfin par l'emploi de ſes moyens fortifiants, qui, quand ils ſeroient bons, ſeroient encore trop excluſifs, on ſeroit tenté de penſer en effet, qu'il ne croit point aux combinaiſons de cet Art. Il eſt bon de lui apprendre cependant qu'il eſt lié à des principes fondés ſur des obſervations aſſez délicates, tirés du ſentiment intérieur du commun des hommes qui ſe croient en danger ; & que ceux-ci ſont même tellement eſſentiels à obſerver qu'on ne peut les perdre de vue un ſeul inſtant, ſans s'expoſer à manquer totalement un des plus grands objets de la guerre, celui de mettre le foible à la hauteur du fort.

Premiérement, il faut que des ouvrages, que vous croyez ſans doute entaſſés au haſard, puiſſent toujours être ſoutenus ſur le ton offenſif, ou au moins par l'apparence offenſive, afin de conſerver à l'aſſiégé la confiance & le courage d'eſprit, par le ſentiment d'une ſupériorité qui, quoiqu'imaginaire, doit pourtant exiſter réellement dans le détail de chaque opération d'un ſiege. Je crois bien que vous êtes en général de ce ſentiment, mais vous ignorez peut-être les moyens de diſpoſer des ouvrages dans cette intention.

Il eſt établi, en ſecond lieu, que la réſiſtance aux actions de force, par la force, doit être la baſe de toutes les opérations particulieres de l'aſſiégé; mais ce principe doit être modifié ſuivant les circonſtances, & il faut prendre pour regle, que jamais on ne ſoutiendra d'aſſaut aux ouvrages extérieurs, que ceux que l'on ſe ſera aſſuré de faire échouer par des moyens ſupérieurs : c'eſt-à-dire, que, dès qu'un ouvrage eſt à ſon point de maturité, dès qu'il eſt enveloppé & preſſé d'aſſez près pour que l'ennemi puiſſe fournir une attaque profonde, ſoutenue & immanquable, alors il ne faut plus lutter contre lui par les aſſauts : la partie devient trop inégale; il ne faut point augmenter ſon audace, ni le laiſſer ſouvenir de ſa ſupériorité; & dès le moment qu'il peut la développer en entier, il faut céder & lui laiſſer embraſſer une ombre. L'Aſſiégeant aura dû engorger ſes forces pour un coup de main; il faut que ſa vigueur ſoit vaine, & tourne même contre lui. Si cet inſtant de retraite eſt bien ſaiſi, comme il peut l'être aiſément, il donnera un jeu plus libre à d'autres moyens préparés, & leur effet ſera d'autant plus deſtructeur, que l'Aſſiégeant aura entaſſé plus de forces pour la grande exécution dont il croyoit avoir beſoin. Il s'établit néanmoins ſur l'ouvrage abandonné, mais il ne peut encore y maintenir des forces ſuffiſantes; il les expoſeroit trop; il ne peut tenir qu'un point iſolé : alors prenez & reprenez ſans ceſſe l'offenſive ſur ce point. C'eſt ainſi que vous vous défendrez toujours en attaquant; vous eſſuierez moins de pertes; vous en ferez éprouver davantage, & vous conſerverez ſur-tout une apparence précieuſe de ſupériorité. L'ennemi ſera renverſé chaque jour dans ſon logement, mais jamais il ne ſera dit qu'il a emporté un poſte l'épée à la main, & qu'il en a égorgé la garde. Il faut éviter, avec la plus grande attention, l'effroi que peut cauſer l'annonce du moindre déſaſtre. Vos pertes ne ſeront jamais comptées, ſi c'eſt en attaquant, & ſur-tout en renverſant que vous les avez éprouvées; tel eſt le cœur humain. Mais dans un échec, dans un poſte enlevé, les moindres pertes alors ſont des fantômes effrayants. Or vous devez bien comprendre que le haſard ne vous donnera pas cet avantage ſingulier de paroître ſupérieur, & de l'être en effet avec une foibleſſe réelle; il y a une diſpoſition particuliere à donner aux ouvrages extérieurs, pour les rendre propres à l'exécution répétée de ces manœuvres : il faut que l'accès en ſoit toujours facile d'une part, autant qu'il doit être rendu difficile de l'autre, & cette qualité eſſentielle doit être, pour ainſi dire, immutuelle : il faut non-ſeulement qu'il y ait protection réciproque dans certaines pieces, mais il en faut encore de protégeantes qui ne puiſſent être entamées que long-temps après la réduction des pieces protégées : il faut que chaque ouvrage jouiſſe de l'indépendance la plus entiere ; que la perte de l'un ne puiſſe jamais en entraîner un autre ; que vos pieces ſoient tellement liées qu'elles ſe ſoutiennent, & tellement ſéparées en même-temps que jamais vous n'en puiſſiez perdre deux enſemble ſur le même point : il faut enfin que chacune ait ſa valeur particuliere, & que, quelque multipliées qu'elles ſoient, chacune puiſſe toujours faire l'objet ſéparé & ſucceſſif d'un procédé nouveau & entier de la part de l'ennemi.

D'après cet expoſé, nous demanderons avec aſſez de confiance, ce que vous penſeriez d'un de ces hommes *revêtus de quelque apparence de lumiere*, qui auroit cru augmenter de force à proportion, en doublant ſimplement des fronts continus & parallelement les uns ſur les autres. Ah ! que vous diriez bien vîte, *quel appui, quelle protection, l'enceinte intérieure pourra-t-elle porter à l'enceinte extérieure ? leurs feux ne peuvent-être contemporains, donc la premiere eſt nulle, tandis que l'autre eſt en jeu.* Et vous verriez bientôt qu'avec la nullité elle doit nuire, embarraſſer, & reſſerrer les manœuvres : vous verriez de plus, que l'enceinte extérieure ſeroit très-affoiblie encore par la dangereuſe facilité d'un point de retraite trop voiſin.

Vous ne manqueriez pas d'appercevoir auſſi le danger qu'il y auroit que les deux enceintes ne tombaſſent du même coup; vous diriez que ce devroit être une ſuite naturelle d'une action de force qui ne peut qu'être mal ſoutenue, parce qu'elle ſaiſit l'aſſiégé ſur l'inſtant d'une retraite trop prévue, qui le mêlant avec l'aſſaillant peut l'entraîner avec lui. Ce ſeroit là ſans doute un vice de diſpoſition qui n'échapperoit point à votre ſagacité, & je croirois déja vous entendre dire, *quel eſt donc le maladroit qui a fait cela ?* Voilà préciſément où j'en voulois venir. Je ne ſais ſi vous avez remarqué que ces mêmes inconvénients, qui vous frappent ſi fort dans une ſeconde ligne de rempart, ſont exactement ceux qu'on peut reprocher aux ſecondes lignes de troupes ; Si vous l'avez remarqué, j'en ſuis bien aiſe, je me preſſe d'arriver au réſultat d'une analyſe qui n'eſt déja que trop hors-d'œuvre. Je puis donc vous dire à préſent, que ce maladroit, s'il y en eût jamais d'aſſez inepte, n'auroit pas encore fait une ſottiſe qui approchât du faux emploi des ſecondes lignes de bataille ; parce que, du moins avec quelques précautions, il ne ſeroit pas impoſſible de corriger une partie du mauvais effet de ſa diſpoſition ; & en évitant le danger à craindre dans la confuſion d'un aſſaut reſſerré, on pourroit obliger l'aſſaillant à une opération nouvelle & entiere contre la ſeconde enceinte, & lui donner encore quelque valeur comptable.

Mais dans vos ſecondes lignes avez-vous ces reſſources? avez-vous quelques précautions du momoment, ſeulement un peu vraiſemblables, contre le funeſte effet que peut produire le moindre échec d'une terreur contagieuſe & rapide, & qui s'accroît encore par le reflu briſé de deux lignes qui ne peuvent jamais rien avoir de commun dans l'action que le malheur de fuir enſemble?

Convenez-donc que vos reſſources de ſecondes lignes, s'il vous en reſte en cet inſtant, rétabliront difficilement le ſort du combat. Je m'explique encore, & il eſt triſte d'être obligé de le faire. Je n'ai point prétendu comparer poſitivement ces doublements. Ce que l'on peut attendre des uns differe ſans doute de ce qu'on exige des autres; il n'eſt queſtion ici d'analogie que rélativement au double emploi; on a vu que l'augmentation de force des doublements ne pouvoit réſulter de leur continuité & de leur parallélisme, mais bien d'une certaine alternative de caſe dans la diviſion des forces qui en permette l'harmonie, le concours & l'appui mutuel; ainſi l'on a pu ſe convaincre que, ſi le doublement de rempart eſt ridicule, la ſeconde ligne de troupes, à plus forte raiſon, doit être abſurde. Le maladroit auroit donc encore *quelque apparence* pour lui, mais le Tacticien ſublime, qui dit avoir découvert un nouveau monde, qu'auroit-il? il auroit toujours une plume éloquente & légere, & l'on ne diroit sûrement pas de lui qu'il *eſt revêtu de quelque apparence de lumiere.*

Il eſt vrai qu'il n'eſt point l'inventeur des ſecondes lignes; on auroit tort abſolument de les lui reprocher. Cependant, puiſqu'il n'a point reculé à la vue de l'océan, quel faux respect a donc pu l'arrêter? ne pouvoit-il trancher sur cet article comme il a fait sur tant d'autres? disons-mieux; il ne l'a pas fait, parce que l'entreprise étoit insurmontable dans le systême qu'il a adopté; parce qu'un mauvais édifice ne peut qu'être mal étayé; parce que l'ordonnance mince, primitive & habituelle, ne comporte en elle-même aucune ptotection réelle, & qu'une fausse disposition ne peut être appuyée que par de faux moyens.

Double emploi.

Il suit, de ce qu'on vient de dire, que nos armées instituées comme elles le sont aujourd'hui, & même comme l'Auteur de l'essai voudroit qu'elles le fussent, doivent nécessairement être beaucoup plus nombreuses, à proportion, que n'exigeroient les objets auxquels elles sont destinées, parce que l'emploi inutile des secondes lignes en absorbe une moitié, toujours en pure perte pour l'action principale.

Nous laissons à penser combien de conséquences doivent résulter de ce que l'on vient d'appercevoir. Pour peu qu'on y fasse attention, on se convaincra qu'il y a un mal radical dans nos constitutions modernes, & que le faux emploi des secondes lignes, bien examiné & bien approfondi, en fourniroit des preuves suffisantes.

L'éloquent Auteur de l'essai, dont les intentions sont admirables, propose bien de retrancher, simplifier, diminuer, &c.; mais il n'en articule aucun moyen. Eh! c'est par impossibilité de le faire; parce que l'esprit de l'ordre actuel n'est réellement susceptible de rien; ni action, ni résistance, ni protection, ni mêlange des armes; & pour preuve enfin d'une défectuosité fonciere, c'est qu'il a fallu se contenter d'en pallier la foiblesse par le renfort vain, ruineux, nul & accablant d'une seconde ligne qui double le poids de nos armées, sans augmenter leur force.

L'ordre naturel.

On a subtilisé aussi sur la tactique ; on a dit que le déploiement étoit l'ordre naturel du combat ; que la premiere idée d'un peuple barbare seroit pour l'ordre mince ; que des Sauvages même le prendroient, parce que ce ne pouvoit être que par lui-seul qu'ils obtiendroient la liberté de combattre & de joindre, corps à corps, un plus grand nombre d'individus.

Je veux croire, en effet, que des Sauvages sans art chercheroient d'abord à employer en même temps la plus grande quantité possible de forces individuelles ; ils n'en sauroient pas davantage. Comme il s'agiroit, dans leur simplicité, de composer une somme de forces, s'ils avoient dix mille bras, ils voudroient les développer & les faire agir tous ensemble ; ils se persuaderoient même que la formation sur trois leur feroit perdre les deux tiers de leurs forces, & ils prendroient, en conséquence, l'ordre filamenteux sur un ; car les bonnes gens ne verroient dans l'art de la guerre que la force rélative de corps à corps ; & en ce sens, n'ayant d'ailleurs pas plus de connoissance de l'organisation des grands corps de troupes, que des rapports généraux de leurs mouvements, il est certain qu'ils regarderoient le déploiement comme l'ordre naturel ; & sans doute ils imagineroient de même l'ingénieux renfort des secondes lignes, qu'ils ne manqueroient pas de regarder aussi comme une grande ressource & une disposition fort naturelle.

Mais, de ce que les sottises sont naturelles à l'ignorance, résulteroit-il qu'il fallût les admettre ? nous ne ferons sur cela qu'une seule observation.

Un Méchanicien, qui voudroit obtenir un grand effet de percussion, par le moyen d'un mobile de longueur, tel, je suppose, que le bélier des anciens, lanceroit sans doute son mobile de bout; & quoiqu'il n'attaquât à chaque impulsion qu'un seul point de l'objet à renverser, il parviendroit bientôt à l'entamer dans le vif. Mais l'ignorant ridicule qui s'aviseroit de frapper de plat, seroit-il bien reçu à dire que cette disposition est la plus naturelle ? & pourroit-on l'écouter s'il donnoit pour raison que c'est afin de pouvoir attaquer sur autant de points qu'il y en a dans la longueur du mobile, au lieu que par le bélier de bout il ne pourroit jamais en attaquer qu'un seul ?

Qu'importeroit que, par cette plate disposition, on attaquât ainsi tous les points ensemble, dès qu'il n'en résulteroit aucun effet ? Qu'importeroit encore que l'Artiste redoublât plusieurs mobiles de plat, si l'impuissance du second ne pouvoit qu'ajouter à l'impuissance du premier, & ainsi des autres ?

Il en est de même du déploiement prétendu naturel des Sauvages ; ils pourroient bien, comme on l'a dit, concevoir la plate idée de choquer de plat ; mais, dès qu'ils auroient pris la premiere notion de l'art, de l'ensemble & du méchanisme des grands corps d'armée, ils appercevroient qu'il ne peut plus être question d'opposer foiblement un individu isolé à un autre, ni de frapper sans effet sur tous les points ensemble. Ils verroient incessamment, au contraire, que de même que pour enfoncer & détruire, il faut guinder les béliers de bout ; de même aussi pour bouleverser l'organisation d'un corps d'armée, il faut lui lancer des masses actives, fortes & profondes.

Croyez donc enfin que l'ordre mince est aussi

mince que la foible percussion des mobiles de plat, & que l'ordre de profondeur est aussi fort & aussi naturel à la guerre que l'est en méchanique l'emploi du bélier lancé debout.

Rapport de l'Artillerie avec l'Ordonnance moderne.

On auroit souhaité que l'Auteur de l'essai eût pris un parti bien décidé sur la grande question de l'influence de l'artillerie dans nos constitutions modernes. Il esquive absolument l'explication ; il hésite entre l'ancienne & la nouvelle artillerie ; il est vrai qu'il n'hésite pas comme les autres, il est impérieusement irrésolu. Il paroît sentir d'ailleurs toute la force de cette arme, mais il en élude l'aveu ; on le croiroit jaloux de la puissance de ses effets ; il se récrie contre les prétentions du corps qui la dirige ; il veut la réduire à un simple accessoire. Cependant elle est décisive dans l'action moderne ; comment faire? le cas est embarrassant. Pour sortir de peine il ne conclut rien, & se résume enfin sans raison au principe vulgaire, aveuglément senti sur la trop grande multiplicité des moyens de l'artillerie.

Comment l'Auteur, avec des talents distingués, n'a--t-il pas apperçu que l'action moderne, si on peut l'appeller une action, devra toujours considérer l'exécution de l'artillerie, comme moyen principal & décisif?

Vous voulez retrancher sur l'artillerie ; mais ayez donc une tactique par laquelle vous puissiez agir sans elle & avec une indépendance générale : ne voyez-vous pas que l'esprit de votre ordonnance y répugne souverainement? ne voyez - vous pas que les deux armes étant condamnées à rester en pannes, par une suite du déploiement, il faut nécessairement procéder pour elles, de quelque façon que ce ſoit ? Et dans cette cruelle inaction où vous les réduiſez, peut-on mieux faire que d'y ſuppléer, au moins autant qu'il eſt poſſible, par l'exécution puiſſante d'une arme ſupérieure ?

Nous ajouterons même que l'artillerie devient à préſent ſi abſolument indiſpenſable, que, ſi l'on avoit ſeulement quatre pieces de plus d'un côté, on pourroit croire que ce foible avantage, dans pluſieurs circonſtances, influeroit ſur le ſort du combat moderne ; car la perte d'une bataille étant réellement aujourd'hui, pour celui qui s'ennuie le plutôt, il eſt certain qu'avec quatre pieces de plus, on a juſte de quoi retarder ſon ennui, en accélérant celui de l'ennemi.

On peut juger de-là, s'il n'y auroit pas quelque témérité à propoſer ainſi des réductions avant d'en avoir peſé les conſéquences : il ſemble qu'avec infiniment moins d'eſprit, l'Auteur auroit beaucoup mieux apperçu que la multiplicité des bouches à feux devoit être le propre néceſſaire d'une ordonnance qui ne peut avoir d'autres propriétés que celle du feu. Il auroit remarqué avec la même facilité que l'artillerie eſt ſi immédiatement liée au genre du combat moderne, que le Roi de Pruſſe lui-même, avec tout ſon génie, & ſi intéreſſé d'ailleurs à ſimplifier tous ſes moyens, a cependant été forcé de traîner avec lui juſqu'à quatre cents pieces d'artillerie ; mais l'exemple même du grand modele n'en a point impoſé cette fois à l'Auteur ; ſon imitation étoit trop ingénieuſe pour qu'il ait dû s'y ſoumettre en tout, & il falloit au moins lui donner le ton de la liberté & l'air de la nouveauté ; cela eſt fort bien. Mais on diroit toujours que l'appareil de l'artillerie eſt le propre intime de l'ordre actuel ; qu'il devient chaque jour d'une néceſſité plus indiſpenſable ; qu'il ne peut même jamais être aſſez multiplié, pour ſuppléer au défaut d'action de l'Infanterie déployée. Toutes ces raiſons ne toucheroient guere notre inventeur, & ne l'empêcheroient pas de compoſer un ordre mince à ſa maniere.

Cependant c'eſt cet ordre mince lui-même qui demande l'appui de l'artillerie; c'eſt lui qui le réclame ſans ceſſe : Eh! qui n'a pu s'en convaincre? Voyez la contenance de l'Infanterie dans les affaires de feu; elle compte ſi peu ſur elle-même, elle témoigne tant d'empreſſement de voir arriver l'artillerie, que ſon impatience décele parfaitement le beſoin qu'elle en a, & la perſuaſion intime où elle eſt machinalement, de l'impuiſſance de ſon action propre. Ce ſont-là de ces mouvements diſtincts, auxquels il n'eſt pas permis de ſe méprendre : & remarquez encore que cette artillerie, une fois dans tout ſon jeu, ne ſe trouve cependant jamais aſſez nombreuſe au gré de l'Infanterie; ce qui eſt encore très-ſimple à imaginer, parce que réellement réduite par le déploiement à l'immobilité la plus décidée, elle s'inquiete, elle deſire une augmentation d'effets quelconques, elle s'indigne d'une inaction forcée; &, dans la froide lenteur du combat moderne, vous la voyez s'agiter de même que la Cavalerie, par l'aveugle & vain deſir de quelque mouvement emprunté.

Mais cette même Infanterie que vous ne connoiſſez pas, & qu'on a tant déguiſée, que peut-être ſe connoît-elle à peine elle-même, cette même Infanterie ſi redoutable dans l'impulſion du choc, penſez-vous que vous la verriez ſi fort empreſſée de ſecours étrangers, ſi elle étoit diſpoſée à pouvoir exercer elle-même toutes les facultés actives dont elle eſt capable? & pour peu que la conſtitution de l'ordonnance pût lui permettre l'irruption, ſi elle pouvoit s'abandonner deſſus, ſi elle pouvoit charger, en un mot, croyez-vous qu'elle rechercheroit si avidement ailleurs une action qui résideroit en elle avec tant d'avantage ? ne vous le persuadez pas. Donnez-lui une ordonnance par laquelle elle puisse appuyer & déployer librement son ardeur aux combats de mains, vous apprendrez à la connoître.

Il nous paroît d'ailleurs qu'il n'y avoit point à hésiter entre la nouvelle & l'ancienne artillerie, & dès que l'Auteur prenoit le parti de maintenir l'ordonnance qui rend l'artillerie nécessairement décisive, il falloit au moins qu'il se déterminât à lui permettre la plus grande célérité d'exécution, & que, sans rien diminuer de la solidité des constructions, il consentît, sans aucune alternative de choix, à lui laisser les moyens d'arriver à temps pour donner la victoire.

Il semble que l'on a manqué encore ici l'esprit de l'institution : on en jugeroit par sentiment, si ce n'étoit par connoissance. Que faut-il donc penser du jugement qu'en porteront les Créquis renaissants, quand ils verront qu'en établissant l'ordre mince fondamental, on propose en même-temps de lui couper le seul bras qui lui reste ?

Décadence.

Il pourroit bien se faire qu'un Instituteur auroit ouï dire que la multiplicité des moyens accessoires annonçoit une dégradation dans l'esprit militaire d'une Nation, & que, partant de ce principe, il auroit pensé rétablir l'élasticité des premiers ressorts, en réduisant tout crûment ces accessoires. Il est très-vrai que la multiplicité de l'artillerie est une marque de décadence ; mais pour en être la marque, elle n'en est pas la cause. Il la faut chercher dans l'ordre mince, & point ailleurs ; c'est lui seul qui oblige à multiplier les moyens d'aſtion tirés de l'artillerie ; c'eſt donc à lui ſeul qu'il faut attribuer le vice de nos conſtitutions modernes, & la décadence de l'Art.

On peut donc juger à préſent combien il ſeroit inconſéquent de vouloir retrancher ſur un moyen qui eſt réellement le ſeul remede à une décadence, peut-être trop véritable, mais qui ne prend ſa ſource chez nous, que dans l'oubli où nous reſtons ſur nos qualités irruptives. L'on peut conclure enfin que la multiplicité de l'artillerie, devenue eſſentielle & indiſpenſable à l'ordre mince, en démontre elle-même complettement la foibleſſe.

Contraſtes, Contrariétés, Prétentions.

Il y auroit trop de choſes à dire ſur la rélation que l'on prétend établir dans l'eſſai général, entre la Cavalerie & l'Infanterie : l'aſtivité propre de l'une, la ſtagnance forcée de l'autre ; les propriétés du choc d'une part, de l'autre incapacité d'irruption ; rapidité dans celle-là, peſanteur indiſcible dans celle-ci ; vélocité, lenteur ; vivacité, froideur ; tout cela préſente, dans la ſinguliere conſtitution de l'ordonnance moderne, des contraſtes extrêmement curieux, mais d'une étendue qui paſſe abſolument les bornes que nous avons dû nous preſcrire : nous nous réſervons ſur cela comme ſur le reſte. Ce mémoire qui ne donne que des apperçus, ne préſente guere que le *proſpeſtus* de trois *in-folio* ſur la même matiere, avec un volume de planches (*a*). On pourra bien nous reprocher un jour d'être peſamment concluants. En attendant, profitons toujours de l'heureuſe liberté d'un travail ſans prétention, pour remarquer,

(*a*) L'annonce d'un ouvrage immenſe ne coûte rien, nons avons à cet égard autant d'intrépidité que qui que ce ſoit.

en paſſant, combien il eſt ſingulier, pour ne rien dire de plus, 1°. que l'on perſiſte encore à faire entrer la Cavalerie en ordre de bataille, dans un eſprit ſi contraire à ſa deſtination.

2°. Que l'on veuille abſolument condamner cette arme, par l'appui prétendu d'un prolongement, à partager, en très-grande partie, l'inaction involontaire de l'Infanterie.

3°. Qu'on ſe ſoit perſuadé que des aîles perdues ſoutiendroient un corps de bataille, qu'elles ne peuvent pas ſeulement appercevoir de loin dans l'action.

4°. Qu'on n'ait pas vu que cette ſéparation abſolue des deux armes étoit une ſuite néceſſaire & indiſpenſable de la ténuité d'une ordonnance tirée en longueur, dont les parties diſmenbrées ſont incommunicables.

5°. qu'on ſoit parvenu à rendre les deux armes ſi étrangeres l'une à l'autre, qu'il ne puiſſe jamais y avoir entr'elles aucune rélation d'appui ni de protection mutuelle.

Il ne faut donc plus s'étonner ſi l'Infanterie déployée, malgré tout ſon manque de mouvement, & le beſoin qu'elle a de s'appuyer de quelqu'action empruntée, ne réclame cependant jamais celle de la Cavalerie, comme on a vu qu'elle faiſoit rélativement à l'exécution de l'artillerie.

Pourquoi donc cette différence dans l'opinion? car il ſemble que l'action propre de la Cavalerie pourroit ſuppléer au moins autant que l'Artillerie à ce défaut d'action de l'Infanterie? je réponds, que cette ſingularité eſt encore une indication marquée du faux emploi des armes dans l'ordonnance déployée.

Mais l'Auteur n'y regarde pas de ſi près; il a cru déterminer une analogie bien caractériſée entre les deux armes, par la ſimilitude de manœuvre du déploiement; j'oſerai dire encore que ce n'eſt pas ſaiſir l'eſprit des choſes.

Le

La formation particuliere de la Cavalerie, telle que l'Auteur la conçoit, paroît bien remplir sa destination. Nous ne considérons ici que la maniere dont il la fait entrer en l'ordre de bataille; & sous ce point de vue, on jugera aisément que l'amalgame prétendu des deux armes, dans l'esprit de l'ordre mince, est aussi discordant qu'il soit possible de l'imaginer ; c'est vouloir mesurer la marche des sauterelles sur celle des limaçons.

Lorsque nous pourrons donner autre chose que des commencements d'idées, il sera intéressant aussi d'approfondir les causes de bien d'autres contrastes. C'en seroit un remarquable que les exploits fréquents de nos troupes, quand elles sont hors de ligne; tandis que ces mêmes troupes en donnent des exemples si rares, en corps de bataille. Il y a sûrement de très-bonnes raisons d'une différence aussi constante; il ne faudra pas les chercher bien loin : on les trouvera toujours dans la dissolution des parties constituantes de l'ordre mince, qui indiquera en même temps les sources de tant de prétentions contraires & de désunions inconciliables.

En effet, malgré son extrême dépendance, l'Infanterie voudra toujours que tout l'art réside en elle, parce que tout étant réduit au feu, elle se croira seule capable d'en fournir l'aliment, par le développement le plus étendu; & ce préjugé ne sera dû qu'à l'esprit de l'ordre mince.

La Cavalerie, de son côté, prétendra être la seule partie active de l'ordonnance; cependant, comme elle sera enchaînée par le même développement, elle sentira qu'elle ne peut conserver l'organisation de l'ordonnance déployée, que par l'usage habituel des charges en carriere; mais aussi elle en connoîtra toutes les difficultés : elle verra combien leur exécution, dépendante des accidents locaux, doit être rare &

pénible ; & lors même que ces grandes charges pourront avoir lieu, elle redoutera la torture dangereuse qui en est inséparable ; elle craindra la roideur de leurs mouvements, & le froissement terrible qui peut les rompre : de-là, irrésolutions, contrariétés, reproches, incertitudes ; & ce seront encore des suites funestes, & presque inévitables de la constitution de l'ordre mince.

Après cela arrivera l'Artillerie, avec la prétention exclusive de la puissance exécutrice : prétention trop bien fondée, il en faut convenir, vu l'indolence passive & nécessaire de nos lignes minces.

Viendront ensuite les Spéculateurs ; ils chercheront à suppléer, par le mérite des positions, à l'insuffisance de l'ordre mince.

Témoins de ces complications dans la combinaison de nos moyens, dans le choix des positions qui refusent souvent des appuis suffisants, les Ingénieurs voudront aussi seconder les obstacles de la nature par les efforts de l'art ; & il faudra encore attribuer cette prétention à la foiblesse de l'ordre mince.

Au milieu de tant d'intérêts opposés, on verra un Chef de dragons, délivré de la tourmente des grands fronts, libre du joug imposé par nos déploiements, acquérir, dans un genre de guerre indépendant, toute la gloire que peut promettre la vivacité nationale mise en liberté ; mais, comme l'activité propre à ce genre l'auroit constamment porté en avant du corps de bataille, peut-être seroit-il indifférent sur la pesanteur de nos lignes : qui sait même s'il n'en plaisanteroit pas, ou s'il ne seroit pas sans pitié sur l'inaction cruelle & involontaire de nos Automates rangés à la file, dont il n'auroit point à partager l'impuissance ?

Quoi qu'il en soit, on conçoit aisément combien de contrariétés doivent sortir du choc de tant d'opinions inconciliables. La cauſe en eſt toujours à l'ordre mince; c'eſt de lui ſeul que découle la ſource intariſſable de nos diſputes, de nos incertitudes, de nos rivalités, & d'autant de façons de voir, qu'il y a de nuances dans nos robes. Eh quoi! ce ridicule nous feroit-il réſervé, la forme de nos habits influeroit-elle auſſi ſur nos opinions? [illegible] ne verrons-nous l'art de la guerre que ſous un point de vue iſolé, & d'après le ſeul genre qui nous ſoit propre? faudra-t-il donc attendre, pour généraliſer nos vues, l'incertain & tardif honneur du commandement? Quoi! juſqu'alors toujours de ſtériles diſputes, de vaines préſéances, de petites rivalités, d'indignes jalouſies! O compagnons! croyez-moi, ſoyons amis, nos cauſes ſont communes, nous n'avons qu'un intérêt, il eſt grand, il eſt cher, il eſt preſſant; il eſt temps de mettre un terme à tant de vaines prétentions. Nous avons une voie de conciliation unique & certaine, arrêtons-nous à l'ordonnance Françoiſe, elle fera concourir tous nos moyens; elle réunira nos efforts & nos armes; elle ſera le foyer qui dévorera nos miſeres. Tel eſt le vrai creuſet où doit s'épurer le génie de la guerre.

Oui c'eſt des faiſceaux nombreux de l'ordre de profondeur qu'on verra ſortir l'accord harmonieux des parties, la diſtribution des parts glorieuſes, & cette ardeur vive, joyeuſe & ſaillante qui caractériſe l'eſprit belliqueux: alors la guerre ſeroit, ce qu'elle doit être, le métier malheureux & néceſſaire de l'honneur, de la gloire & de l'amitié; & puiſque ſa fureur demande des victimes, elle n'en feroit du moins que très-peu parmi nous; mais malheur aux Nations qui troubleroient déſormais le repos de la France.

Leçon du hasard.

On a pu voir que les partisans de la méthode moderne en sentent eux-mêmes tous les inconvénients ; il est facile en effet de juger, par la seule apparence de nos contradictions, combien nous sommes éloignés du vrai, ou seulement du vraisemblable, qui donneroit au moins quelque consistance à nos opinions flottantes. En cet état d'incertitude, on a osé dire qu'il falloit attendre le temps, les événements & les exemples ; ce qui signifieroit qu'il faut attendre que le hasard vienne nous éclairer ; c'est-à-dire, qu'il faudra nous brûler au flambeau, avant d'en recevoir aucune lumiere : on peut bien hasarder une idée, mais on ne soutient pas long-temps un absurdité. L'on sentira enfin la nécessité de remonter à la source du mal, de rechercher les causes de ce vice originel qui est le principe de nos variations continuelles, de ce vice qui a produit lui seul l'instabilité actuelle de l'institution militaire.

Tout inviteroit donc aujourd'hui à adopter, à peser au moins les avantages d'un ordre simple, fort, libre, actif, indépendant, par lequel on pût développer toute l'action possible dont chaque arme est susceptible ; d'un ordre qui pût permettre la concurrence des forces ; qu'aucunes ne fussent en perte pour l'action principale ; qu'elles ne pussent se nuire en aucun cas ; que toutes pussent s'entre-secourir dans leur effort commun.

Que cet ordre, comportant au besoin l'action simple & concentrée des forts de bataille, pût favoriser les surprises d'armées & les entreprises de nuit, cette partie de l'art si belle, si négligée, si difficile dans l'ordonnance actuelle, & pourtant si facile dans l'ordre naturel.

Cet ordre existe, il peut exister, il réunit au suprême dégré toutes ces propriétés ; on l'a nommé l'ordre François ; c'est celui du courage, c'est celui de la nation, c'est celui de la victoire ; il simplifie tous les moyens, il tend à la grande épargne du sang ; c'est celui des grands Capitaines, ils en gouvernent les mouvements à volonté, lui seul peut fixer leur réputation & la fortune, lui seul peut opérer de grandes choses avec de petites armées, & nous fermons les yeux !

Ah ! si la colonne de Fontenoy (cette masse informe, disposée sans dessein, sans intention, cependant respectable) avoit pu avoir, je ne dis pas de l'impulsion, mais seulement du mouvement, qu'en fût-il arrivé ? Si l'action n'eût manqué à ce grand corps, par une suite de son assemblage monstrueux & bizarre, quel eût été l'effet d'une irruption rapide qui eût forcé, rompu, dépassé nos corps, & détruit l'espérance des remedes, avant même qu'on eût pu songer aux moyens de les appliquer ? un singulier hasard nous eût donc appris à nos dépens toute la valeur d'une ordonnance qui ne convient supérieurement qu'à la Nation Françoise ? Nous sommes donc destinés à la recevoir un jour par la grande & malheureuse leçon de nos défaites ? quels regrets !

Mais est-il concevable encore que nous n'ayions pas été frappés de quelques exemples plus modernes, où le hasard avoit de même concentré des forces, dont l'ascendant prodigieux eût dû nous prescrire à jamais l'ordre invariable de nos formations primitives ? Rien ne sera donc capable de nous émouvoir, & nous ne prendrons l'ordonnance naturelle du combat que lorsqu'elle sera habituelle chez nos ennemis ? en ce cas nous ne sommes pas sitôt prêts ; s'ils sont bien éclairés sur leurs vrais intérêts, ils en éloigneront encore long-temps l'époque.

Indépendance.

L'indépendance des forces eſt une qualité inconnue dans la tactique moderne. Loin de tendre à cette précieuſe propriété, l'Auteur de l'eſſai ſemble entraver ſes moyens plus que jamais ; il ſoûmet invinciblement ſes diſpoſitions de bataille à toutes les circonſtances locales.

En effet, tant qu'exiſtera la formation mince, foible & débile de nos bataillons, il faudra toujours recourir aux appuis naturels des bois, marais, ruiſſeaux, ravins, villages, &c. ou aux obſtacles artifi. ciels pour ſoutenir les flancs de nos armées : recours néceſſaires & confirmés par une expérience habituelle & invariable, qui démontre complettement l'impuiſſance propre de l'ordre mince, inſuffiſant à lui-même dans tous les ordres de bataille de plaine. Or une armée ne pouvant marcher avec ſa poſition, il eſt certain que les appuis ordinaires, immobiles par eux-mêmes, ne peuvent être utiles qu'à celui qui veut attendre l'ennemi dans une poſition déterminée, & non à l'armée offenſive qui ne peut traîner ſes appuis avec elle.

Il ſuit de-là que l'ordre mince, étant lié à la néceſſité des appuis, il ne peut jouir de l'indépendance des forces, & qu'il ne peut être tolérable que pour celui qui ſe trouve dans l'obligation malheureuſe de défendre des retranchements ou des poſtes ; ce qui démontre ſon impropriété abſolue pour tous les cas offenſifs.

On ſait que c'eſt ce même défaut d'indépendance qui a fait abandonner l'uſage des lignes ; & ſi l'on y fait bien attention, ce ſont préciſément les mêmes raiſons qui les ont fait rejetter, qui militent aujourd'hui pour abolir l'ordre de bataille déployé, parce qu'outre les cent défauts que nous lui avons remarqués, il a encor celui-là de commun avec les lignes, qu'il manque d'indépendance dans ses parties, & qu'un seul point forcé, il faut que le reste soit nécessairement entraîné.

Les méthodiques, revêtus de quelque apparence de lumiere, exclusifs dans tous leurs moyens, ont pourtant abandonné les lignes depuis long-temps : l'Accusateur inconsidéré eût peut-être mieux fait de se redresser à leur exemple.

En vain l'Auteur de l'essai diroit-il qu'il tiendra son Armée en *colonne-manœuvre*, & qu'il ne déploiera que le plus près possible de l'ennemi ; à cela il ne gagneroit point la propriété d'indépendance, & il faudroit toujours qu'il cherchât un terrein propre à exécuter & à appuyer son déploiement. Il faut remarquer d'ailleurs qu'une Armée en *colonne-manœuvre* n'est point en posture de combat ; elle peut être surprise sur le temps ; alors elle est obligee de renoncer au choix des obstacles dont elle peut s'aider ; elle forcée à prendre une disposition dénuée d'appuis, & qui doit être d'autant plus foible, que c'est l'ennemi en présence, qui, dans ce cas, lui en prescrit l'ordre.

Quelle différence, au lieu de cette triste & pénible complication, si vous aviez l'ordonnance simple, habituelle & indépendante des *colonnes-d'action*, toujours prêtes au combat, suffisantes à elles-mêmes, toujours disposées à l'exécution rapide des mouvements en tout sens, toujours indépendantes de l'incertitude locale, & dont l'action réunie peut opposer] le fort au foible dans tous les cas ! Ceci a paru sans repliques ; mais, au défaut de raisons, on a opposé à la réunion de nos forces, une maxime des halles : on a dit *qu'il ne falloit pas mettre tous ses œufs dans un pannier*.

Ceux qui ont fait l'objection, n'ont nullement saisi l'esprit de la disposition générale qui appartient à l'ordre de profondeur ; il n'est pas question d'entasser toutes ses forces sur un même point, ce qui seroit aussi ridicule qu'impossible. Il faut savoir que, sans consulter jamais les forces de l'ennemi, nous avons toujours un front égal au sien, avec la liberté de le déborder au besoin ; mais tout ce front n'est pas toujours engagé, il ne faut pas même qu'il le soit : l'effort se fait d'abord sur un ou plusieurs points. Cependant qu'on ne s'y trompe pas, nos intervalles ne sont point des vuides ; l'ennemi n'y peut pénétrer sans se rompre, il ne peut se rompre sans être battu, par conséquent il est contenu par les lacunes propres à l'ordonnance pleine, comme si elles étoient remplies : car il en est de ces vuides, comme des intervalles des points fortifiés d'une position, qui présentent dans des rentrants redoutables, les parties les plus fortes de la position. On peut donc concevoir enfin que l'ordonnance pleine, réduisant l'attention aux seuls points d'attaques, l'on pourra toujours, sans dégarnir, y développer sans risques les plus grandes forces possibles rélativement à l'objet, & en proportion de l'étendue locale.

C'est précisément dans la liberté de cette répartition des forces, qu'on reconnoît une supériorité particuliere à l'ordre plein, que l'uniformité monotone de vos lignes minces vous interdit absolument.

Nous avons encore une autre faculté, qui consiste dans le choix volontaire d'une succession d'efforts, tantôt soutenus, tantôt alternatifs, non-seulement sur les premiers objets de l'action, mais aussi sur tous les points accessibles de l'ennemi ; & c'est toujours une propriété exclusive, dont vous ne pouvez jouir dans la décomposition de l'ordre mince.

Vous pourrez bien tromper un moment sur le

choix de votre attaque, mais une fois déterminée, l'ennemi respire, il connoît l'état de la question, il ne peut plus y avoir à feindre ; le déploiement une fois fait, il n'y a plus à en revenir ; vous ne pouvez plus combattre par choix ; vous n'avez plus de moyens que ceux de la patience ; & si l'action de feu débute mal, à peine vous reste-t-il les ressources du désespoir ; car il ne faut plus songer à manœuvrer. *Un Général*, dit le Maréchal de Puységur, *doit tout prévoir avant que de mettre ses troupes aux prises avec l'ennemi, parce que dans l'action il ne contribue en rien à renforcer l'ordre de son Armée.* Cela étoit vrai du temps de Puységur, & ne l'est pas moins dans l'application des principes de l'essai général. En effet, le sort de l'action dans l'ordre mince est livré sans réserve aux mains incertaines des troupes, & l'on peut dire que le Général en a perdu le commandement, dès le moment du déploiement.

Chez nous, au contraire, dans l'esprit de l'ordonnance du choc, l'ennemi ne peut connoître un dessein que dans sa défaite même, ou du moins, dans un instant si pressant que toute disposition ultérieure devient impraticable ; jusqu'alors notre chef en a pu réserver le secret ; il tient les rênes d'une main sûre ; & comme il préside à l'action sans discontinuité, il conserve jusqu'au dernier moment toute la liberté de la répartition de ses forces.

Il est donc assez sensible que cette continuité d'efforts successifs, toujours libre & volontaire sur différents points, est bien éloignée de l'intention, gratuitement prêtée, de vouloir entasser nos forces.

Enfin l'on remarquera que l'objection qui vis-à-vis de la colonne ne pourroit jamais être qu'un malentendu, tombe absolument sur l'ordre mince, parce que dans la longue chaîne qui doit en lier essentiellement les parties, elles tiennent tellement que la plus légere fracture d'un ſeul de ſes anneaux porte ſon influence ſur le total du ſyſtême, comme des perles qui s'échappent à la moindre rupture du fil qui les unit ; au lieu que, dans le développement alternatif de nos maſſes mobiles & indépendantes, la perte ſuppoſée d'une ou de pluſieurs colonnes laiſſeroit encore les autres intactes, toujours propres aux mêmes effets, & capables des mêmes efforts.

C'eſt cette propriété d'indépendance abſolue, l'un des caracteres admirables de l'ordre de profondeur qui doit fixer nos regards, & qui, dans le nombre des preuves que nous développerons un jour, déterminera ſur-tout nos raiſons de préférence excluſive.

Reſſources.

Vous parlez toujours des combinaiſons infinies de vos ordres modernes, des variétés dont il eſt ſuſceptible ; vous parlez du puiſſant mélange des armes, des ſecours & de l'appui mutuel qu'elles ſe doivent ; vous parlez d'un nouveau genre d'eſcrime dans l'uſage de la bayonnette ; vous parlez de diminuer les moyens, de les ſimplifier, & de faire de grandes choſes avec de petites Armées, vous en parlez, & très-éloquemment ; mais vous n'en indiquez pas la plus légere exécution : la raiſon en eſt ſimple, je le redis encore ; ce n'eſt pas votre faute ; vous avez travaillé ſur un ſol ingrat : vous n'avez point manqué votre ſujet, il en faut convenir, mais c'eſt le ſujet qui vous a manqué : auſſi voit-on que tout ſe réduit (je n'entends parler ici que de l'action de combat) à déployer ſur le parallele ou ſur l'oblique.

Vous racourciſſez à la vérité les moyens d'y parvenir ; vous y arrivez ſans doute aſſez ſimplement, je dirai même très-ſavamment, ſi vous voulez, mais c'eſt toujours dans l'invariable platitude habituelle.

Que dis-je ! il le faut bien, votre ordonnance n'eſt pas ſuſceptible de deux combinaiſons ; car l'oblique n'eſt chez vous qu'une modification qui conſerve toujours la ſubſtance de l'organiſation routiniere.

Je crois pourtant avoir ouï dire que l'Auteur étoit dans cet âge d'effervescence, où le génie toujours peu satisfait des moyens habituels, donnant pleine carriere à toute la force de l'imagination créatrice, s'éleve au moins quelquefois dans la région des mieux chimériques. On ſe perſuaderoit difficilement qu'il jouit en effet de cet âge heureux, & en attendant que j'ai l'honneur de le connoître, j'oſerois croire qu'il n'eſt pas ſi jeune qu'on le penſe ; on en juge par la diſette de ſes moyens, la triſteſſe de ſes vues, & la ſévérité de ſes Leçons. Il a bien le feu d'une diction abondante, & la chaleur d'une expreſſion vive & brillamment coloriée, mais il n'a certainement pas celle de l'invention qui ſemble être le partage d'un temps d'indépendance où l'on craint moins de s'affranchir des bornes étroites d'une imitation ſervile.

Ce n'eſt pas que l'on exige vraiment de l'invention ; on ſe contenteroit bien d'une application conſéquente des choſes connues & exiſtantes ; mais il eſt remarquable que l'Auteur, en blâmant nos inſtitutions avec une hardieſſe qui paroîtroit témérité, ſi... en frondant nos moyens du ton le plus impoſant, en déclamant avec la plus grande confiance contre l'eſprit imitateur, il eſt remarquable, dis-je, il eſt étonnant qu'après tant d'aſſertions, tant de paroles impérieuſes & tranchantes, il rentre préciſément dans toute la froideur des copiſtes. Vous ne trouverez pas dans tout ſon ouvrage, la plus légere trace d'invention, & vous le voyez retomber dans la plus plate routine que ce qu'il appelle *l'inſtinct moutonnier* ait jamais inſpirée.

C'eſt encore l'inremuable Infanterie du centre,

ſe croyant appuyée par un prolongement de Cavalerie, ce qui repugne à toutes notions naturelles : c'eſt toujours une décompoſition générale de toutes les forces : ce ſont des aîles perdues & ſans rélation quelconque : c'eſt toujours un combat iſolé d'artillerie : c'eſt encore le reſpectable uſage des deux lignes de bataille, qui en double l'embarras ſans en augmenter la force : toujours même complication, même vuide, même peſanteur, même foibleſſe, & voilà ce que l'Auteur appelle régénérer ſa Nation !

Où donc trouve-t-on dans tout cela des idées neuves ? des principes adaptés au caractere national ? où trouve-t-on entr'autres le mêlange annoncé des armes ? il y a eu ſans doute des aîles de Cavalerie emportées ; ne peut-il pas ſe faire qu'il y en ait encore ? & ſi cela arrive quelles ſeront vos reſſources ? quel appui une aîle prolongée (pour la plus grande partie hors de vue) pourra-t-elle attendre de l'Infanterie pour ſe rétablir ? l'Infanterie elle-même ne pouvant ſe ſuffire dans l'ordre mince, reſte dénuée ; où lui trouverez-vous un appui ? car, dès que nous ſuppoſons que la premiere ligne d'un aîle a reçu un échec, il eſt pour le moins dangereux que la ſeconde ligne de cette aîle ne ſoit entraînée. Voilà donc un flanc d'Infanterie abandonné, découvert & livré à lui-même. Qu'en doit-il réſulter, je vous le demande ? & à quoi a tenu le grand déſordre qui doit s'en ſuivre ? à rien, à une ſeule faute particuliere.

Voilà vraiment une ordonnance de bataille bien ſolide, dont toute l'harmonie & l'organiſation eſt rompue par un ſeul mouvement équivoque d'un chef de Cavalerie.

Mais je le vois, vous avez des reſſources dans votre génie ; vous manœuvrerez votre Infanterie ; elle va préſenter de nouveaux fronts à l'improviſte ; vous ferez des retranchements de cordes ; vous ralierez votre Cavalerie, vous la ramenerez; je veux tout cela : mais que de danger dans ces manœuvres du moment ! L'Auteur de l'essai n'a-t-il pas posé la maxime que toute manœuvre étoit un mouvement de foiblesse ? ce qui est très-vrai pour l'ordre mince seulement, car une charge de colonnes d'exécution ne seroit pas assurément un mouvement de foiblesse ; n'a-t-il pas dit lui-même qu'il étoit dangereux de déployer trop près de l'ennemi ? Or la crise du moment est infiniment plus dangereuse, parce que tout le ressort des troupes est anéanti par la dissolution des forces du déploiement, & que la terreur épidémique a pu déja s'emparer des esprits par l'échec qui est arrivé.

Nous demanderons encore quel appui l'on pourroit tirer dans un moment si pressant de l'action de l'artillerie, dont la destination devroit tout-à-coup changer d'objet ?

Il faudra donc que l'Auteur y soit en personne pour ramener, diriger & rétablir ; mais la nature qui l'a formé, en souriant, dans un instant de faveur, lui a-t-elle aussi accordé la faculté de multiplier son être ?

Dites-nous enfin où vous trouvez dans tout cela, le mêlange avantageux des armes ? je les vois au contraire dénuées, isolées, livrées à elles-mêmes plus que jamais. Je le redis encore, le mal est incurable ; il faut avoir recours à l'amputation : renoncez, croyez-moi, aux secours mutuels des armes ; votre ordonnance en elle-même ne peut plus vous fournir les ressources du moment ; il ne vous reste que vos talents personnels ; si vous y réunissez encore les qualités d'exécution, nous y devons compter beaucoup ; mais ne vous y fiez pas trop, parce que vous devez considérer qu'il faut une adresse incroyable, un génie plus qu'humain, & une discipline difficile à atteindre, pour manier des troupes à volonté dans l'esprit de l'ordonnance moderne, lorsque l'action est une fois engagée.

On sait bien qu'à toute force, vous pourrez peut-être encore les remuer; mais je dis, d'après vous-même, que tous vos mouvements seront lourds & dangereux, & d'après l'évidence des choses & l'expérience du siecle, que vous n'en pourrez que très-difficilement calculer des effets vraisemblables.

Un Capitaine du siecle ressemble beaucoup à certains braves à longues épées, qui aiment tant à chamailler de loin; mais comme il s'est fort escrimé dans un genre singulier de gymnastique, il a trouvé le secret de dégaîner assez aisément, & de manier si bien sa longue épée, qu'elle perce même plus de cent lieues avant la pointe.

On s'en est tourmenté; cependant elle est foible & d'autant moins redoutable qu'elle est plus pesante & plus longue; n'importe, nous nous en garons très-sérieusement, & nous n'avons rien trouvé de mieux pour y parer, que d'allonger aussi les nôtres.

Miserable ressource! allongez tant qn'il vous plaira, vous perdrez d'autant plus en mouvement, & je vous avertis que vous ne percerez sûrement pas avant la pointe.

Sur la Guerre de postes.

Je ne sache personne plus à plaindre qu'un Chef, homme de génie, obligé d'obéir à l'esprit de l'institution actuelle; car, quoique nous ayions aujourd'hui des Généraux intimément convaincus des propriétés dominantes de la profondeur, cependant le renouvellement que nous demandons, ne peut être considéré comme une disposition applicable à la premiere volonté d'un homme persuadé: les changements qu'il exige, bien que très-ſimples & très-faciles, devant porter ſur la conſtitution fondamentale, il faut les préparer de longues mains, ce ne peut être l'ouvrage d'un ſeul jour, ce ne peut être même celui d'un début de campagne, parce qu'il eſt toujours prudent de ménager un préjugé qui fait que l'on craint d'ordinaire l'uſage des fruits trop verds.

Dans cette ſituation, je crois qu'il ſeroit ſage de s'y prendre d'un peu plus loin, de faire mûrir, pour ainſi dire, l'eſprit de la vraie tactique Françoiſe, & d'en laiſſer germer les ſemences dans le génie de nos Coryphées.

Mais, comme tout ſemble au contraire nous en éloigner, les Généraux ſe trouvent forcés de tirer parti de l'inſtitution exiſtante; &, pour en réparer l'impuiſſance autant qu'il eſt en eux, ils ont au moins, tant qu'ils ont pu, réduit la guerre aux affaires de poſtes, ce qui diminue ſenſiblement une partie des inconvénients du manque d'action de la tactique moderne : ſans cela, où en ſerions-nous les uns & les autres?

Cependant il ne faut pas croire que ce genre doive ſe réduire ſimplement à prendre poſte ſoi-même; vous perdriez forcément la précieuſe propriété de l'offenſive; vous ne pourriez plus ordonner aux circonſtances; ce ſeroit donner à l'ennemi la faculté de combattre par choix. Ainſi, quand on parle de réduire aux affaires de poſtes, il faut entendre que ce n'eſt pas toujours dans un eſprit défenſif; ce doit être bien plus ſouvent pour obliger l'ennemi, par des combinaiſons de mouvements, à recevoir une attaque ſimple & concentrée. C'eſt-là le grand objet que l'on doit ſe propoſer dans la guerre de poſtes.

Mais il faudroit donc que l'ordonnance des troupes prît un caractere offenſif, convenable à l'attaque des poſtes; il faudroit porter dans ce genre de guerre un esprit de force, de mouvement & de concours; & sur-tout avoir une base primitive de constitution qui tendît à ces propriétés. Que de choses à dire sur cette matiere! Que de rapports démonstratifs on en tireroit en faveur de l'ordre de profondeur ! mais nous devons nous borner; nous ne considérons aujourd'hui que l'aspect frappant de l'esprit de l'institution ; nous observerons seulement que cette espece d'instinct qui nous porte ainsi, par une sorte de convention aveugle & forcée, à morceler nos Armées dans les postes, est une preuve nouvelle & très-forte du vuide immense de l'ordonnance moderne ; & que ce besoin que nous sentons vaguement de concentrer nos forces, qui semble être une réclamation muette de la profondeur, est la marque la plus sûre que tôt ou tard on y viendra.

Les Savants.

Vous concluez très-pertinemment que les guerres doivent être savantes : nous sommes de votre avis ; elles doivent l'être dans nos constitutions modernes; il ne suffit pas seulement que le Général soit savant: comme le gouvernail de l'action de l'ordre mince ne peut rester entre ses mains, il faut aussi des savants pour conduire les divisions ; d'autres savants à la tête des subdivisions, & même grand nombre de demi-savants répandus de rang en rang : & remarquez la bazarrerie ! jamais partie d'échecs ne fut moins savante ; les pions & les pieces gardent la même ligne; il n'y a ni attaque à former, ni résistance à opposer.

Pourquoi donc cette affluence nécessaire de savants? la raison en est simple ; rien n'est plus difficile que de ramener une partie mal entablée.

Mais s'il est vrai que tout soit facile à la guerre aux gens hardis, si, comme quelqu'un l'a dit, il est des

des cas où la ſuprême audace ſoit la ſuprême prudence, que faire avec tous vos ſavants ? s'accorderont-ils ? ſeront-ils aſſez ſouples au frein néceſſaire de la diſcipline ? trop méthodiques, ſeront-ils entreprenants ? & les Bayards, les Montluc & tous les Preux (car nous en avons beaucoup dont on ne ſe doute guere, leur ardeur généreuſe eſt perdue dans vos inſipides mouſquetades) que deviendront-ils ? quel rang leur aſſignerez-vous ?

Il eſt certain du moins que vous devez les craindre, ce ſont gens à boutades : ils ne valent rien dans l'eſprit froid de votre tactique ; ils s'emporteront, ils rompront vos ſimétries, ils laiſſeront des trouées, & leur audace abandonnée, inſoutenue, inſoutenable dans le déploiement, en précipitant leur perte, peut entraîner aiſément celle de votre Armée.

N'eſt-ce pas grande miſere qu'il faille aujourd'hui craindre les Preux, & que l'on ait penſé ſuppléer à leur impétueuſe valeur par de ſavantes ſubtilités ? vous allez donc combattre ſur l'ordre philoſophique ? en effet, vous m'y faites penſer, vous devriez nommer ainſi votre ordre mince ; il a quelque choſe de mal-ſonant, il n'eſt certainement pas impoſant, & vous ſavez que l'opinion fait beaucoup à la guerre, un nom n'eſt pas toujours indifférent.

Laiſſons-là les ſavants (*a*) & l'ordre philoſophique ; il nous faudroit une tactique tellement conſtituée que le ſort des armes ne dépendît pas ſi abſolument du très rare aſſemblage de tant d'hommes ſupérieurs : l'ordre en eſt connu, il a exiſté avec avantage, même depuis le renouvellement des armes ; on ne l'a cepen-

(*a*) O érudits & beaux eſprits, raiſonnez, penſez, chantez, ſiflez, régnez ſur les eſprits, vivifiez doucement le génie ſocial, rempliſſez délicieuſement les loiſirs des Héros, faites la gloire & le bonheur de l'humanité ; mais laiſſez aux gens de tête & d'exécution le ſoin d'en faire la force & la ſûreté ; ne vous mêlez pas de nous défendre, & pour votre paix, laiſſez-nous battre en paix.

dant appliqué dans les derniers ſiecles, que par une ſorte d'inſpiration ; il étoit très-imparfait ; dès-lors il a été apperçu dans ſes vraies propriétés ; ſa conſtitution libre, forte & indépendante, n'eſt point, à beaucoup près, auſſi immédiatement liée à la juſteſſe & à la grande préciſion des meſures. Cet ordre excellent, aſſuré de ce qu'il peut, dégagé des entraves accablantes & de la lourde chaîne qui doit unir vos déploiements, mépriſera toujours vos petites ruſes, dédaignera vos fineſſes & les vaines ſubtilités de vos moyens.

Muſique.

Je n'en puis parler que par ſentiment ; je ſuis d'ailleurs très-inſuffiſant en muſique ; j'ignore la puiſſance du mode phrigien ; je ne connois pas mieux celle du mode hypophrigien ; je ne ſai que penſer des merveilles atteſtées que la muſique opéroit autrefois à la guerre. Faut-il attribuer ſes grands effets à la perfection de l'Art, ou à une ſenſibilité qui nous eſt inconnue ? ou bien ſont-ils exagerés ? quoi qu'il en ſoit, ſi elle eſt fort déchue de ſa puiſſance, il n'eſt guere permis néanmoins de douter qu'elle ne puiſſe exciter quelques mouvements dans l'ame des plus flegmatiques, qui ne ſont pas chez nous la partie nombreuſe ; & il eſt certain qu'aujourd'hui même, malgré le réfroidiſſement général, malgré ce que l'étendue des connoiſſances pourroit avoir retranché de leur force, malgré ce que la raiſon auroit enlevé à l'entouſiaſme ; il eſt certain, dis-je, qu'une muſique vraiment aſſortie pour la guerre, produiroit encore de vives émotions ; elle pourroit opérer un degré de tranſport ; j'oſerois preſque dire des élans de courage, d'élevation & d'héroïſme, ou je ne ſais quelle ardeur convulſive, capable d'emporter des hommes à des actions extraordinaires.

On peut croire au moins que la muſique ſeroit

propre à prévenir certaines affections de terreur dont l'effet est si dangereux à la guerre ; & en cela seulement elle ne seroit point à négliger dans une institution de tactique.

On présume cependant que l'Auteur de l'essai ne croit point du tout à ses effets : il y a dans tous ses moyens, je ne sais quelle nuance de sombre & de tristesse, qui attiédit toute l'activité de l'ame. Il parle bien d'une certaine mesure qui est bonne pour ce qu'elle est, mais qui, ne pouvant marquer que le métre & la cadence, laisse le cœur ouvert aux terreurs, ne dit rien à l'esprit, & lui donne tout le temps de s'arrêter à des idées qui, pour être raisonnables, n'en sont que plus à craindre.

Que penser du dédain de l'Auteur pour un moyen qui, quelque subtile qu'il paroisse aux hommes froids, peut produire cependant d'heureuses diversions dans les dispositions à l'effroi, ou tout au moins un étourdissement favorable ? Je dirai que ce mépris est de sa part une des meilleures conséquences de ses principes ; car il est évident que la musique qui tient à l'ame par les organes, étant propre à faire naître du mouvement dans les passions, doit être aussi capable d'exciter à l'action physique ; ainsi elle ne peut qu'être assez indifférente à la stagnance nécessaire de l'ordonnance moderne, à moins que ce ne soit quelques musiques calmantes dans le mode Lydien, qui ait sur-tout le pouvoir d'endormir les troupes pendant l'exécution de l'artillerie.

HARANGUES.

Aujourd'hui que tout est réduit en Art, on commence à être persuadé qu'il est assez égal à la guerre d'avoir de bons ou de mauvais soldats, pourvû qu'ils soient soumis ; parce que, dit-on, il ne faut qu'une rigoureuse obéissance pour l'exécution des opérations de l'Art. Nous ne nierons certainement pas la néceſſité d'une obéiſſance abſolue ; mais, s'il étoit vrai que dans un petit coin de l'Europe, la ſeule obéiſſance eût renfermé toutes les qualités militaires, & que l'inſtitution y eût été dirigée en conſéquence, ce ne ſeroit pas moins une terrible erreur d'avoir imaginé qu'une nation vive & raiſonneuſe pourroit s'accommoder, pour toute vertu guerriere, de cette triſte auſtérité. Heureuſement les maximes ridicules n'ont que la durée des modes : on ſait bien en général, qu'outre l'obéiſſance, le métier de la guerre demande des hommes à paſſions fortes, des hommes fiers, généreux, robuſtes de cœur autant que de corps ; que, comme les paſſions peuvent s'attiédir, il faut ſouvent les ranimer, rappeller le ſentiment de l'honneur & de la gloire, le faire dominer ſur certaines froideurs d'égoïſme, ſoit diſant philoſophiques ; qu'il faut exciter l'ivreſſe guerriere par la force expanſive de l'éloquence du courage : que c'eſt par elle que les Héros communiquant à leurs ſoldats les mouvements de leur ame, leur inſpirent des réſolutions hardies, & leur font braver les dangers, la douleur & la mort.

Il n'eſt pas queſtion de ces longs diſcours meſurés qui ne ſont que des menſonges hiſtoriques. Les harangues doivent être courtes, ſimples, nobles; l'abondance des mots n'exprime rien; les paroles ſont rarement actives. Comme il faut perſuader & faire agir, l'Orateur guerrier tirera de l'occaſion même, la plus grande énergie de ſes diſcours, & il ébranlera ſur-tout par l'éloquence de ſituation.

Un homme ſe préſente à Montécuculi pendant la bataille de St-Gottard, *tout eſt perdu*, dit-il, *les troupes ne ſont rien qui vaille ;* le Général répond ſans s'émouvoir, *JE N'AI PAS ENCORE TIRÉ L'ÉPÉE*. Ce n'eſt encore là qu'un de ces traits ſublimes, ſi propre à ramener des eſprits émus par les pernicieux avis des porte-allarmes.

Pour nous, François! placez nous, ſi vous voulez, entre une mort apparente & la plus pénible exécution, mais donnez-nous la puiſſance de l'irruption; lâchez-nous après cela les ſaillies de l'audace, elles ne veulent point d'apprêts, elles vont voler de rang en rang ſur l'aîle rapide de la victoire. Montrez-nous encore quelques bouts du panache de Henri IV; que ſon génie préſide librement aux vaſtes reſſorts de l'ordonnance Françoiſe; ne gênez point leur élaſticité; leur déploiement va produire la plus violente exploſion.

Mais quelles ſont les harangues propres aux affaires de feu? *patience, ... tenez ferme, ... l'artillerie arrivera bientôt!*

Il n'eſt guere poſſible, je crois, de faire une harangue plus convenable aux circonſtances. Ne la trouvez-vous pas très-noble? Ne ſentez-vous pas de veines en veines la communication rapide du feu de l'héroïſme?

Il eſt déja bien sûr que ce feu monte au viſage; ſi jamais il peut atteindre au cœur, je garantis à l'Auteur les ſuffrages de la Nation Françoiſe.

Je crois avoir ouï dire, qu'il faut qu'il y ait toujours proportion entre la force des moyens & la force des paſſions; en ce cas, l'Auteur auroit eu grande raiſon de garder le ſilence ſur la puiſſance des harangues, parce que la moindre paſſion ſeroit encore trop forte pour la foibleſſe de ſes moyens.

Nous avons fait voir en effet que le moindre eſſor des troupes étoit réellement dangereux dans l'eſprit de l'ordre mince. Il eſt donc très-ſage de nous donner des ſpécifiques calmants; le déploiement en eſt un des plus efficaces. C'eſt ainſi qu'on lime les dents des Dogues au combat du Taureau.

Étalage.

Un génie facile dont la plume exercée auroit montré un ſtyle pur & brillant, un avant-diſcoureur incomparable qui auroit ſu meſurer ſes expreſſions à la dignité de ſon ſujet, croiroit ſans doute avoir beaucoup fait en faveur de l'art ; & s'il ne ſe voyoit point d'égal en fait de goût parmi les écrivains militaires, il voudroit jouir de tous ſes avantages ; il ſe plaindroit des faiſeurs de ſyſtêmes, il mépriſeroit les Commentateurs pénibles, il ne feroit pas grace même aux grands Capitaines qui ont écrit : les uns, à l'en croire n'auroient débité que des maximes ; les autres n'auroient point dogmatiſé à ſon gré. Il feroit cependant, pour des Auteurs vivants, quelques exceptions très-vagues & très-polies, & il les tourneroit ſi délicatement que M[rs]. les exceptés s'applaudiroient beaucoup de n'être point morts. Mais lui beau diſeur s'emporteroit contre les froids diſeurs & les peſants diſſertateurs, & il s'écrieroit enfin, *avec du génie, comment n'être pas rebuté de leur aridité, de leur longueur, de leur ſtyle ?*

On lui repréſenteroit que, dans les Arts, il faut quelquefois ſavoir un peu plier ſon génie à la rudeſſe des inventeurs ; que les gens de guerre ne s'amuſent pas toujours à polir des phraſes, qu'ils ſont plus occupés des choſes que du deſſein de les bien dire, & que c'eſt un malheur inſéparable de la dureté de leur profeſſion. L'écrivain tranſcendant ſeroit ſourd à cette voix, il préféreroit toujours l'élégance à la choſe ; &, par un retour fréquent ſur lui-même, on le verroit s'admirer délicieuſement dans ſes propres productions.

Il eſt bien vrai qu'il ne manqueroit pas de co-admirateurs ; on ſeroit frappé d'abord de cette profondeur de vues, que, pour amener adroitement aux méthodes connues & pratiquées des ordres minces, il eût passé par les détours du dédale des intérêts de l'Europe, & qu'il eût eu la noble hardiesse d'en citer les Princes à son ban.

On admireroit ensuite un roman politique de gouvernement, où celui qui en sait le plus, *s'empare des connoissances de tous, crée le système politique, se place au haut de la machine pour lui imprimer le mouvement, &c.* Et l'on trouveroit dans tout cela des idées bien neuves & bien satisfaisantes, si l'on ne craignoit un peu que cette heureuse monarchie de savants ne dégénérât bientôt en une anarchie de pédants.

On admireroit encore que pour calmer la vivacité d'une Nation, il eût imaginé d'empater son ardeur dans la gluante tenacité d'un onguent étranger.

On admireroit sur-tout que ce génie créateur eût tenté de changer l'esprit général de sa Nation. Mais l'on crieroit au miracle, si, de vive, libre & facile qu'est cette Nation, il eût essayé de la rendre austere, sombre & pédante.

Cependant les bonnes gens demanderoient à quoi doit aboutir ce pompeux étalage; ils s'étonneroient que l'on eût pris un si grand porte-voix pour annoncer des erreurs établies; & que pour si peu d'aliment il eût été nécessaire d'ouvrir une bouche énorme & de provoquer un si furieux appétit; ils soutiendroient que nous avons fait de grandes fautes dans les progrès de l'institution militaire; que le grand essai les laisse subsister en entier; que tout s'y réduit dans le fait au dessein très-bien exécuté de perpétuer ces fautes, & à l'intention de donner une éternelle consistance à nos erreurs: ils diroient enfin que l'étalage des troupes, dans l'ordre mince, leur fait perdre en force réelle, précisément ce que perd en profondeur l'étalage de l'esprit. On laisseroit dire les bonnes gens.

Eh! Monſieur, je vous en prie, ne nous empêchez pas d'être nous-mêmes ; ne ſoyons que ce que nous pourrions être aiſément. Quand nous ferons des changements utiles, ne nous écartons jamais des indications d'une très-bonne nature : oui très-bonne, quoique vous en puiſſiez dire : il ne faudroit pas nous juger peut-être par l'apparence actuelle, puiſque nous ſommes dans la criſe d'un déguiſement paſſager ; mais pour un heureux retour, croyez que nous n'avons qu'à le vouloir ; ſuivons des voies ſimples, laiſſons un accès libre à l'empire des mœurs naturelles, & que nos projets tendent toujours à confirmer, à juſtifier nos penchants.

POST SCRIPTUM.

LA critique eſt une choſe fort triſte ; l'importance de ſon objet n'en excuſe pas toujours l'amertume. Elle eſt infiniment plus aiſée que l'art ; parce que, comme quelqu'un l'a dit, l'art eſt obligé de retrancher tous ſes points, & la critique, libre dans ſon choix & dans ſes incurſions, peut forcer ſur les plus foibles.

La critique eſt ſouvent auſſi une jactance de ſupériorité : elle n'annonce pas toujours un bon eſprit ; elle peut tromper même un bon eſprit par la dangereuſe facilité de s'emporter au-delà du zele qu'inſpire un grand intérêt.

Tout cela eſt très-vrai, & nous ſentons encore combien paroîtroit odieuſe une honteuſe envie dans la généreuſe profeſſion des armes, ſi l'on ſoupçonnoit un moment que l'on eût pu confondre l'intérêt de la choſe avec celui de la perſonne. Mais, puiſque nous oppoſons l'art à l'art, nous n'avons pas dû craindre d'être accuſés de cette fureur aveugle, ennemie du génie qui renverse tout sans jamais édifier. Nous ne sommes d'ailleurs qu'observateurs, nous attaquons un systême par un autre, & dans le fait nous ne faisons que nous défendre. Si l'on avoit attenté sur l'esprit général d'une nation, qu'on l'eût attaquée dans son caractere & dans ses mœurs, si l'on avoit même suspecté son courage, si l'on s'efforçoit d'étouffer un reste précieux de chaleur guerriere, de contrarier nos goûts, de repousser tous nos penchants, si l'on vouloit enfin nous tondre, nous raser & nous prendre encore à rebrousse-poil, ne serions-nous pas au moins dans les droits de la défense naturelle ?

Au reste, notre adversaire a pu se persuader trop légérement que son systême étoit sublime. Les succès d'un génie heureux lui en ont imposé, ils en ont trompé bien d'autres ; mais nous croyons de bonne foi qu'on ne risqueroit rien de s'en rapporter à ses propres réflexions. Moins prévenu, il ne tardera pas à reconnoître que son édifice est défectueux, & qu'il fut vicieux dès son principe. On lui doit déja de l'avoir étayé autant qu'il pouvoit l'être ; il en a décoré l'extérieur, son apparence est pompeuse, nous en admirons les dehors, nous en observons la structure, l'avenue est belle, l'entrée magnifique, mais les proportions sont manquées, les fondements extrêmement foibles, & ce frontispice superbe ne conduit enfin qu'à des ruines.

Nous applaudissons sincérement aux vues générales qu'il a proposées ; nous adoptons en substance le principe de tout ce qui est proprement chez lui manœuvre préparatoire, & presque sans réserves tout ce qui précede la disposition de l'action principale. Il a le mérite réel d'avoir remonté une machine disloquée, dont le méchanisme très-mal disposé en lui-même ne pouvoit plus déployer ses foibles resforts ; il a pû parvenir cependant à leur rendre quelqu'apparence de mouvement & d'élasticité. Mais au moment intéressant, lorsqu'une heureuse explosion sembloit devoir s'ensuivre, il veut détendre, il relâche toutes ses forces, il en abandonne le régulateur ; il daignera donc permettre que nous nous efforcions d'en retenir, d'en suspendre un instant les détentes, & que nous cherchions à rappeller un reste précieux d'énergie nationale prête à succomber sous ses prestiges.

Il ne peut y avoir d'ailleurs de rivalité entre nous ; nous ne nous donnons ici ni comme inventeurs, ni comme instituteurs, ni comme régénérateurs ; on a pu remarquer en effet que nous n'avons proposé aucuns détails de formation, d'armement & d'organisation intérieure sur l'ordonnance pleine.

Ce n'est pas qne nous croyons ces détails indifférents, ou que nous pensions que ce qui en a été dit jusqu'à présent soit le mieux possible ; bien loin de-là, si j'avois la liberté ou l'autorité de changer l'institution de l'Infanterie dans l'esprit de l'ordre plein, je m'occuperois de ces détails, j'en suivrois la chaîne, je m'attacherois à chacuns de ses anneaux avec d'autant plus d'attention que je me croirois dépositaire du trésor national.

Je ne pense pas cependant que l'autorité doive prescrire trop promptement ou trop absolument des changements de cette nature. Il faut pour bien faire que cette révolution glorieuse soit la suite d'une conviction intime dans tout le corps militaire ; peut-être faudroit-il attendre qu'un ouvrage vainqueur imposât un silence éternel aux disputeurs. On dit, que quelqu'un s'en occupe ; mais, pour mettre une entreprise de cette importance en des mains heureuses, je n'en choisirois pas d'autres que celle de l'Auteur même que nous osons combattre : car il est impoſſible qu'il ſoit long-temps prévenu; il ſaura diſtinguer les cauſes dans les effets ; ſans rien perdre de ſon énergie, il ſera plus circonſpect, plus exact en raiſonnement, moins excluſif dans l'objet de ſon imitation. Il s'attachera ſur-tout au grand deſſein d'une conſtitution nationale ; il abandonnera un plan vaſte & chimérique, dont l'étendue & l'inexécution néceſſaire ne pourroit ſervir, en faiſant beaucoup d'honneur à ſon eſprit, qu'à montrer un peu trop l'incontinence de ſa plume ; il rejettera des eſſais prématurés avec autant de facilité qu'il en a mis à les produire. Un génie tel que le ſien, ne réſiſte pas long-temps aux pures clartés de l'évidence.

Nous ſommes donc très-éloignés de vouloir lui déplaire ; l'intérêt de la choſe demanderoit au contraire que nous cherchaſſions à le ſéduire ; notre zele ſeroit moins inutile ſans doute, s'il pouvoit être ſecondé par les talents heureux d'un génie élevé, confiant & facile, ſi propre à ranimer la flamme languiſſante du flambeau de la guerre.

Mais nous l'inviterons encore avec inſtance à concentrer ſes vues ſur ſa patrie, à conſulter le génie & le caractere national, & à abandonner le projet impoſſible d'une inſtitution également propre à tous les peuples de l'Univers.

Qu'il ne diſe point que ce caractere diſtinctif des Nations n'exiſte plus, qu'il eſt évanoui par le commerce & la philoſophie, &c. S'il étoit vrai que les principes en fuſſent altérés, il faudroit les réproduire. Cela ſeroit-il plus difficile qu'en phyſique de rétablir des corps décompoſés, en leur reſtituant le phlogiſtique dont on les a privés ?

Enfin la critique ne peut nuire qu'à l'opiniâtre entêtement de l'ignorance ; l'Auteur ſe mettra ſans doute cent piques au-deſſus d'elle, en profitant de ſes avis ; nous le croyons capable de cette élevation ;

mais, s'il persiste dans son ordre mince, nous l'invitons, nous le provoquons à répondre ; l'intérêt national lui en fait une obligation indispensable.

Eh ! non, un plus long doute ne nous est plus permis ; pourquoi soupçonnerions-nous qu'il dût être plus long-temps le jouet d'une erreur grossiere ? croyons que, supérieur à lui-même, il va s'occuper d'un plus grand dessein, & que c'est à lui seul que nous devrons les premiers succès de l'ordonnance Françoise. Alors nous verrons avec transport la fortune dont il se rendra bientôt digne, s'élever, avec celle de la Nation, sur les trophees enlevés aux vaincus.

La mode.

Vaine espérance ! le temps n'est point arrivé ; le monde est gouverné par l'esprit du jour ; la mode est contre nous ; l'ordre François n'est point une nouveauté ; des hommes d'un mérite avoué l'on fait connoître ; ils l'ont analysé sans prévention ; on a touché au moment de l'admettre, mais Fréderic a paru, il a dissippé cette lueur, il avoit ses raisons. Nos militaires observateurs n'ont plus été écoutés, ils ont insisté, ils ont démontré, on s'est moqué d'eux.

Nous aurons pourtant des partisans ; je m'assure déja des Sertorius du siecle, de tous les Guerriers heureux, des enfants de la victoire, des soldats qui ont blanchi, & de tous les François amis de la gloire, rebutés des guerres savantes où la valeur ne peut rien.

C'est avec eux, qu'attendant la révolution que j'ose prédire, en plaignant votre aveuglement, on pourroit s'amuser de vos mépris, s'il étoit possible de ne pas gémir de voir différer un intérêt si pressant, si grand & si cher.

L'heureuse époque seroit très-prochaine, peut-être, mais je n'oserois dire pour combien de temps un pompeux discours préliminaire aura retardé nos progrès ; malheur à ceux qui ne lisent que les préfaces.

Autre circonstance malheureuse ; quand on saura que nous adoptons le plein contre le vuide, il est à craindre qu'on ne nous croie Cartésiens, & que nous n'en éprouvions le sort : c'est une raison puissante contre nous ; je n'y avois pas pensé.

Au reste, la carriere est ouverte à la critique ; je pourrois même y aider, s'il en étoit besoin ; mon travail précipité lui ouvre un accès facile : je dirois que ce mémoire est à la fois trop long & trop court ; que les résultats sont noyés dans la profusion des preuves ; que l'ordre des choses est rompu par le désordre des idées ; que la vérité y paroît trop seche & trop maigre pour l'avoir laissée si nue ; que de simples observations n'atteindront jamais la marche libre & révélante de nos rivaux ; que le ton démonstratif n'est point celui des oracles ; que .... Ah ! j'en dirois bien d'autres.

Eh bien ! qu'aurois-je à répondre ? Rien : si ce n'est cependant qu'ayant à parler à des sourds il a fallu crier ; que, douloureusement blessé, comme François, il a fallu hurler ; que, réduit à la triste nécessité de prouver que deux & deux font quatre, il a fallu peut-être s'emporter ; que, méditant d'habitude & de profession sur l'Art de la guerre, il a fallu abandonner la gloire des lettres à ceux qui y prétendent, & qu'enfin sans prôneur & sans parti, si l'on dit de moi que je suis un rêveur, j'aurai à-peu-près obtenu tout le succès que je pouvois attendre de la prévention du jour pour les opinions de mode.

FIN.

www.ingramcontent.com/pod-product-compliance
Ingram Content Group UK Ltd.
Pitfield, Milton Keynes, MK11 3LW, UK
UKHW020605180726
13838UKWH00001B/436